Berinjela

Beri

Coleção Aromas e Sabores da Boa Lembrança

A ASSOCIAÇÃO DOS RESTAURANTES DA BOA LEMBRANÇA

apresenta

njela

2ª edição

Texto **Danusia Barbara** Fotos **Sergio Pagano**

Aromas e Sabores da Boa Lembrança – *Berinjela*
© Associação dos Restaurantes da Boa Lembrança e Danusia Barbara

Direitos desta edição reservados ao Serviço Nacional de Aprendizagem Comercial
– Administração Regional do Rio de Janeiro.

Vedada, nos termos da lei, a reprodução total ou parcial deste livro.

SENAC RIO

Presidente do Conselho Regional
ORLANDO DINIZ

Diretor do Departamento Regional
CARLOS MIGUEL ARANGUREN

EDITORA SENAC RIO
Av. Franklin Roosevelt, 126/604
Centro | Rio de Janeiro | RJ | CEP: 20021-120
Tel.: (21) 2510-7100 – Fax: (21) 2240-9656
www.rj.senac.br/editora
comercial.editora@rj.senac.br

Editora
ANDREA FRAGA d'EGMONT

Projeto editorial, coordenação técnica e receitas
ASSOCIAÇÃO DOS RESTAURANTES
DA BOA LEMBRANÇA

Texto e pesquisa
DANUSIA BARBARA

Concepção fotográfica, fotos e food style
SERGIO PAGANO

Produção das receitas
ASSOCIAÇÃO DOS RESTAURANTES DA
BOA LEMBRANÇA E SERGIO PAGANO

Assistente de fotografia (Rio e São Paulo)
JOSÉ PAULO CALDEIRA E ISABELA CARDIM

Editorial
ELVIRA CARDOSO (COORDENADORA),
CRISTIANE PACANOWSKI E KARINE FAJARDO
(COORDENADORAS ASSISTENTES), LILIA
ZANETTI, MARIANA RIMOLI E PAULO SERPA

Produção
ANDRÉA AYER (COORDENADORA)
E MARCIA MAIA

Comercial e Logística
ADRIANA ROCHA (COORDENADORA),
ALEXANDRE MARTINS, ALLAN NARCISO, FLÁVIA
CABRAL, JORGE BARBOSA, LEANDRO PEREIRA,
MARJORY LIMA, ROBSON VIEIRA E RONY ROGER

Marketing e Eventos
CARLA VIDAL (COORDENADORA)
E JOANA FREIRE

Administrativo
DECIO LUIZ PESSANHA (COORDENADOR),
ALINE COSTA, ALMIR MENEZES, GARCIELE GOMES
E MICHELLE NARCISO

Padronização das receitas
CENTRO DE TURISMO E HOTELARIA DO SENAC
RIO / ADRIANA REIS

Indicação de vinhos
DEISE NOVAKOSKI (SOMMELIER)

Design
SILVANA MATTIEVICH

1ª edição: agosto de 2006
2ª edição: novembro de 2008

O Senac Rio reitera sua satisfação em manter com a Associação dos Restaurantes da Boa Lembrança esta parceria na publicação da coleção *Aromas e Sabores da Boa Lembrança*, projeto editorial de considerável importância para a área da gastronomia, uma de nossas prioridades. Nas páginas seguintes, chefs de destacada atuação em diversos estados brasileiros revelam todo o seu talento nas receitas que criaram com exclusividade para este livro, o terceiro da coleção, iniciada com os volumes *Tomate* e *Feijão*.

Nesta obra, temos o prazer de apresentar a berinjela, alimento que nos surpreende por sua complexidade de gostos e pelas delícias que nos proporciona, seja sozinho ou valorizando o ingrediente que o acompanha.

A concretização de projetos editoriais como este atende aos propósitos do trabalho que desenvolvemos por meio do Centro de Turismo e Hotelaria – fornecer treinamento e assessoria de alto nível a profissionais e empresas da área de acordo com as tendências do mercado. Dessa forma, buscamos cada vez mais o aprimoramento dos serviços prestados por esse setor, sobretudo no Rio de Janeiro, um dos maiores centros turísticos e gastronômicos do país.

Acreditamos que o leitor tem nas mãos uma obra que lhe proporcionará não só o deleite de degustar deliciosos pratos a partir de suas receitas, como também a inspiração para se lançar em suas próprias criações. Assim, cumprimos nosso objetivo de propiciar um rico aprendizado sobre a alta gastronomia a todos os que apreciam esta arte – o profissional da área, o estudante e o amante da boa mesa.

Aos colaboradores e parceiros, nossos agradecimentos. A hora é de saborear!

ORLANDO DINIZ
Presidente do Conselho Regional do Senac Rio
Março de 2003

Sabe o que é melão púrpura da China? Já ouviu falar do tomate dos judeus de Constantinopla? Ou da oliveira do Congo? Conhece o cogumelo dos canibais? Provou um nipônico *yamamoto*? Examinou a sombria textura do *ping tung* chinês? E, mais curioso, sabia que todos esses nomes designam o mesmo alimento, a berinjela?

A multiplicidade dos nomes apenas evidencia como a berinjela tem a capacidade de assumir vários aspectos e formas. Afinal, são noventa gêneros e 2.500 espécies.

Aqui contamos a história de sua alquimia: algo amarga e sem graça em si, misturada a outros elementos (temperos, legumes, molhos, alimentos em geral) fica interessantíssima, intensifica gostos, torna-se macia, carnuda, sutil, luxuriante até.

Portanto, ultrapasse o medo, encontre o imprevisto: a filosofia da berinjela é assim. Nascida na Ásia, entre Índia e Mianmar, endeusada no mundo árabe, respeitada na China, na Coréia e no Japão, admirada na Etiópia, estrela em ascensão na atual culinária ocidental, a berinjela é um legume que, no Ocidente, enfrentou com galhardia a maledicência suprema de ser considerada venenosa. Deu de ombros. Qual Dom Quixote, lutou, iracunda, pela justiça. Explorou seu lado Sherazade, revelou-se sedução. O culto à berinjela hoje é mundial e ainda se descortinam numerosas possibilidades criativas. Grelhada, assada, em pasta, musses e sorvetes, em salgados e doces, é infinita sua capacidade de proporcionar prazeres.

Este terceiro volume da coleção *Aromas e Sabores da Boa Lembrança* narra esta saga e traz receitas de 69 membros da Associação dos Restaurantes da Boa Lembrança. Visões diversas, encantos múltiplos, saborosas idéias. Vamos a elas!

DANIO BRAGA
Vice-presidente da Associação dos Restaurantes da Boa Lembrança
Março de 2003

Sumário

Berinjela, Esplendorosa Dama de Múltiplos Sabores	8
DANUSIA BARBARA	
Entradas & Acompanhamentos	20
Massas & Risotos	58
Peixes & Crustáceos	78
Aves & Carnes	102
Sobremesas	141
Dicas	150
Glossário	151
Índice Remissivo de Restaurantes	153
Índice Remissivo de Receitas	154
Relação dos Restaurantes Associados	156
Sobre os Autores	158

DANUSIA BARBARA

Berinjela,

Esplendorosa Dama

de Múltiplos Sabores

I've got you under my skin...

Frank Sinatra sussurra com charme e vou ouvindo, apreciando, admirando a música de Cole Porter. Penso no segredo que começo a desvendar. Depois de muito ler e conversar, depois de cheirar, tatear, morder e saborear, depois de passar tempos quieta junto aos mestres, reconheço: esta música poderia ser uma ode de amor à berinjela.

Nada de absurdo. A história deste fruto/legume começou na Índia e em Mianmar, antiga Birmânia, há uns seis mil anos. Depois, espalhou-se por China, Coréia, Japão. No Japão, onde as berinjelas existem nas cores verde e violeta, sonhar com três berinjelas é sinal de felicidade. Na China imperial, as cinzas da berinjela eram misturadas ao sal marinho e passadas nos dentes para garantir gengivas e bocas sadias. Já a alta sociedade daqueles tempos usava tinturas extraídas da berinjela para fazer uma espécie de laca que escurecia os dentes e assim garantia o sorriso aristocrata. Afinal, a berinjela era algo nobre e admirado na mesa imperial chinesa, um legume que viera de longe, raro e rico em símbolos e gostos.

Não se sabe quando a berinjela chegou ao Oriente Médio. Ela está tão ligada a essa cultura que as crônicas de Bagdá a registram na história da Princesa Buran, que se casou, em 23 de dezembro de 825, com o Imã Al-Mamoun, segundo filho de Haroun al-Rachid. As festas de núpcias foram belíssimas, mil e uma noites de pompas e deslumbres. No entanto, não foi o real marido quem ficou para a posteridade. Mas sim o *buraniya*, uma preciosidade culinária desenvolvida pela princesa a partir de berinjelas. Até hoje a iguaria (e suas numerosas versões) é apreciada e louvada, do Irã ao extremo Magrebe. Sem falar nos poemas e nas odes, como a *Berinjelas de Buran*.

Berinjela **I** Aromas e Sabores da Boa Lembrança

A Europa custou a aceitar a berinjela como o alimento sutil e generoso que é.

Gregos e romanos dos tempos clássicos a ignoravam. Só depois de muito perambular pelas rotas de seda e especiarias (era famosíssima na Pérsia, atual Irã, onde se revelou em mil e uma receitas), chegou à Europa, trazida pelos árabes. Se a berinjela à parmigiana afigura-se hoje prato dos primórdios da culinária romana, ou se uma ratatouille francesa repleta de berinjelas lhe parece algo dos tempos de Asterix, trate de mudar o raciocínio. A Europa custou a aceitar a berinjela como o alimento sutil e generoso que é. Na África, seu berço e ponto alto foi na Etiópia, onde era chamada de *djakatou*, *koumba*, *dagatou* ou *diakatou*.

Mais séculos se passaram e, enfim, ela atravessou o oceano Atlântico, chegando às Américas numa via contrária à dos tomates, batatas, pimentas e pimentões, naturais de cá deste lado do Atlântico. A berinjela atingiu o Ocidente por volta do século VIII. E só passou a ser requisitada com aplausos nas mesas européias em princípios do século XIX. Tomates, berinjelas, batatas, pimentões e pimentas pertencem à mesma família, a das solanáceas. O que significou um monte de problemas em suas vidas, pois eram considerados venenosos.

Para muitos, a berinjela causava demência e epilepsia. Tanto que sua primeira designação científica foi *Solanum insanum*. O botânico alemão Leonardo Fuchs, em 1543, dizia que esse nome já era suficiente para assustar os que se preocupavam com a saúde. Levou tempo para ser aceita, depois desejada, hoje quase-quase endeusada. Em sânscrito, chamava-se *bbantâki*, *varttaka* ou *vangana*; em hindi, era *bangana*; e em bengali, *bartakou*. Todas palavras derivadas da raiz *bangha*, "planta venenosa".

A designação *mala insana* (maçã louca) deu origem ao nome atual da berinjela em italiano, *melanzana*. Os franceses preferiram *aubergine*, do árabe *al-bãdinjãnâ*, do qual também surgiu a denominação espanhola *berenjena* e a portuguesa "beringela" (os portugueses escrevem com "g"). Em 1750, o naturalista sueco Carl von Linné, organizador de notável classificação das plantas, rebatizou a berinjela de *Solanum melongena*, seu atual nome botânico.

Repare na pele da berinjela. Textura densa, a luz não a atravessa. Sem transparências, brilha, rebrilha, cintila. Dá gosto de acariciar com os olhos. No instante seguinte, já estamos passando os dedos pelo seu dorso. Pegue uma faca e corte longitudinalmente uma berinjela, como se nunca o houvesse feito. Surpresa: é clara por dentro, com grãos e um leve cheiro e gosto de melão fresco. Alguns minutos, e sua carne começa a escurecer, fica mais nítido o contraste entre a pele negra, a carne branca puxando para o verde-claro, e os caroços/sementes escurecendo, tornando-se marrons, parecendo pimentinhas. Se você a morder crua, pensará em pão esponjoso. Se a cozinhar, descobrirá como pratos incríveis podem surgir de um legume tão barato e lindo.

Fechada, ainda crua, a berinjela posta-se como uma virgem das mais defendidas: se comida nesse estado, pode provocar distúrbios intestinais, que não surgem quando é cozida. Não a julgue por isso cruel, histérica, vingativa. Ao contrário, é toda complexidade de gostos, uma provedora de delícias ocultas sob a burca escura de sua pele. Assim como as mulheres de Dubai, nos Emirados Árabes, escondem vestidos Chanel e jóias de ouro puro sob seus véus negros, a berinjela jamais se derrama muito ostensiva. Vai em preliminares, crescendo em prazer gastronômico. Sob a pele escura há polpa macia e carnosa.

Outro trunfo que só se revela no ato de prepará-la para comer: a capacidade de mudar radicalmente de sabor, textura e aparência conforme o prato, e ainda fundir-se no gosto dos alimentos que estão a seu lado. Ela absorve e valoriza quem está em sua companhia, uma esponja gustativa. Na culinária indiana, de onde se origina, tal característica é fecunda. Onde quer que se tenha uma cozinha que use e abuse de especiarias e temperos, provavelmente haverá berinjelas.

Ovalada, comprida, curva como punhal, roliça, tem formatos que lembram de gônadas masculinas a ovos de galinha. Nos Estados Unidos, chama-se *eggplant* exatamente por isso: sua aparência é a de um ovo branco. Sua etimologia confirma a denominação. O estudioso Ragy Basile, em seu *Dicionário etimológico dos vocábulos portugueses derivados do árabe*, explica que o termo arabizado (*al-bādinjānâ*), de origem persa (*bādnjān*), significa "o ovo do gênio".

Tamanhos, cores e pesos variam bastante. A maior é a espécie conhecida como "monstruosa de Nova York", que pode chegar a pesar 4kg. Nunca medíocre, emerge em imagens e sabores múltiplos na cozinha contemporânea. Difícil, quase impossível, escapar a sua sedução. Como disse certa vez uma pessoa que não apreciava berinjelas, ao prová-la em purê: "E eu que não sabia que gostava de berinjelas." Ato seguinte, traçou a panelada de purê na maior alegria.

Cor: roxo-escura, púrpura, preta, branca, amarela, com ranhuras, verde ou de aparência laqueada, a berinjela é colorido forte. Nesse quesito não aceita meias-medidas, entretons, neutralidade.

Começa a frutificar após noventa a 110 dias. Pode chegar a um metro ou mais de altura, tem caule reto com ramificações, além das folhas alongadas e pilosas. Não deve amadurecer no pé, para não acentuar o amargor. Adora o sol, sem ele não existiria.

Adora o sol, sem ele não existiria. É planta anual, de clima tropical ou subtropical. Prefere solos areno-argilosos, bem drenados, com bastante matéria orgânica.

É planta anual, de clima tropical ou subtropical. Prefere solos areno-argilosos, bem drenados, com bastante matéria orgânica. Em climas quentes pode ser plantada durante todo o ano. Mas, nos lugares mais frios, somente na primavera e no verão. Sensível, principalmente na época da floração, tem o desenvolvimento retardado pelo frio. A geada causa-lhe queimaduras nas folhas. Não suporta solos encharcados: o excesso de chuvas é prejudicial à sua cultura. Ela aprecia água, mas em doses reduzidas.

Como comprar berinjela? Dura demais, está verde e ácida. Muito mole, passou do ponto, fica granulosa. Ao comprar, escolha as de polpa macia, mas firme e compacta, com sementes tenras, casca brilhante.

Patrícia Wells, uma "berinjéloga" famosa, explica que berinjela é coisa complicada, porque tudo se esconde sob a casca externa que a protege. Recomenda verificar o peso: as melhores são firmes e pesadas para o tamanho. Escolha as menores, uma vez que as maiores são menos firmes e também contêm maior número de sementes, que contribuem para um sabor amargo. É contrária a salgar a berinjela para tirar-lhe o amargor. Diz ela: "Se a berinjela estiver fresca na parte próxima do cabo, nunca será amarga. A polpa da berinjela, porosa e sem gordura, também é capaz de absorver enormes quantidades de óleo, água ou qualquer líquido; por isso, a melhor forma de apreciá-la sem encharcá-la no azeite de oliva é assá-la no forno. O forno ajuda as berinjelas a soltarem os caldos naturais sem secá-las completamente. Dica: enquanto assam, regue-as para acrescentar-lhes umidade e sabor."

Muitas pessoas gostam de deixar a berinjela de molho em água e sal para amenizar seu sabor amargo. Mas, como argumentou Patrícia Wells e ressaltava o grande *chef* Roger Vergé, isso não deve ser feito. Ele perguntava: por que mudar a natureza de um vegetal de tamanha personalidade?

Segundo dados da FAO (Organização das Nações Unidas para a Alimentação e Agricultura, situada em Roma), a berinjela atingiu hoje o posto de bem-amada. São cinco milhões e meio de toneladas por ano, o que lhe garante o nono lugar na produção mundial de legumes. O Sudeste Asiático produz 60%; o Oriente Médio, 25%; o Mediterrâneo ocidental, 8%; e o restante do planeta, 7%. Entre os europeus, os que mais consomem berinjela são os italianos. Seguidos dos espanhóis, gregos e holandeses. Só depois vêm os franceses. As berinjelas viajam: os holandeses, por exemplo, exportam três quartos de sua produção. Em compensação, os italianos devoram a quase totalidade das trezentas mil toneladas que produzem, o que os coloca ao lado dos japoneses, os maiores consumidores asiáticos atuais de berinjela – cerca de 5kg por habitante/ano. Mas os fervorosos admiradores do Mediterrâneo oriental ainda os deixam longe, consumindo aproximadamente 10kg por habitante/ano. No Brasil, o maior centro produtor de berinjela é a Região Sudeste.

Rica em proteínas, contém vitaminas B e C, além de minerais, sobretudo cálcio. É pouco calórica e totalmente desprovida de gordura. Como toda hortaliça, apresenta cerca de 90% de água em sua constituição. Hoje, as antigas maledicências desapareceram, alguns detratores se converteram. Agora atribuem à berinjela efeitos benéficos. Seu consumo habitual reduziria o nível de colesterol no sangue e as gorduras no fígado, eliminaria as "areias da bexiga", atuaria como diurético, estimularia o funcionamento dos rins, protegeria a uretra de infecções. Seu suco, esfregado várias vezes por dia em verrugas, as faria desaparecer. A farinha de berinjela, por sua vez, desponta como um ingrediente bastante desejável para o enriquecimento de outros alimentos. Biscoitos, pães, massas podem se valorizar com o alto teor de fibra da farinha de berinjela.

Mas tudo pode mudar, pois o mundo dá voltas, e a berinjela já foi acusada até de piromaníaca. Responsabilizaram-na por incêndios na Turquia. O vento do sul que vem do mar, o *patlican metlemi*, o vento das berinjelas, sopra sobre os braseiros em que elas são grelhadas. A menor faísca ou centelha de fogo é suficiente para queimar as casas de madeira. Entre 1591 e 1923, houve em Istambul quinhentos grandes incêndios, e as berinjelas e seus braseiros foram considerados culpados.

Ainda assim, essa herbácea de flores pendentes, solitárias (raramente se apresentam em pares) e hermafroditas (isto é, contêm elementos masculinos e femininos), é a grande vedete da cozinha turca. São mais de trinta receitas tradicionais, como geléias, marmeladas, saladas com iogurte, recheadas, em misturas com legumes e carneiro, em purê, caviar, fritas, gratinadas, assadas, empanadas. Sua habilidade em associar-se a faz mais engenhosa, revela que é craque em se dar bem com os demais alimentos. Estrela opulenta, atrai e seduz em vários campos.

Até piadas filosóficas se fazem com berinjela. Como a história do Sultão Mahmud (reinou de 998 a 1010), a quem um dia serviram uma iguaria por ele desconhecida. O sultão ficou encantado, entusiasmado, e declarou: "Trata-se de excelente comida!" Imediatamente, um de seus cortesãos levantou-se e iniciou discurso louvando as virtudes do legume. Mas o sultão tanto comeu que enjoou e, enraivecido, sentenciou: "A berinjela é perniciosa." O mesmo cortesão não titubeou e prosseguiu em seu discurso, agora denegrindo a berinjela. O sultão surpreendeu-se: "Não era você quem a estava louvando?" O cortesão foi rápido na resposta: "Perdoe-me, meu senhor, mas eu sou cortesão de Vossa Majestade e não da berinjela!"

A lista dos apaixonados pela berinjela é grande. Inclui do lendário *chef* Joël Robuchon (gosta das pequeninas, polpa mais doce, com poucos grãos) ao tenor Luciano Pavarotti, que se definiu como "louco por berinjela". Todos hoje vêem nela luxo, magnificência, fausto, ostentação, suntuosidade, viço, esplendor, capricho, extravagância. Seu colorido preto/roxo parece laqueado, tafetá de seda, quase um espelho em negro, o "do outro lado", diriam certos personagens de Guimarães Rosa. Ambígua? Não. Polifacetada e poderosa. São muitas as palavras, mas poucos os pensamentos básicos. A berinjela é um conceito que a cozinha contemporânea ainda está a explorar todas as possibilidades. Mas Frank Sinatra e Cole Porter têm razão: ela me tem sob sua pele e eu a tenho sob a minha, num grande caso de amor.

Março de 2003

REFERÊNCIAS BIBLIOGRÁFICAS

BASILE, Ragy. *Dicionário etimológico dos vocábulos portugueses derivados do árabe.* Rio de Janeiro: [s.n.], 1944.

BIVAR, Artur. *Dicionário geral e analógico da língua portuguesa.* Porto: Ouro, 1948.

BUENO, Francisco da Silveira. *Grande dicionário etimológico-prosódico da língua portuguesa: vocábulos, expressões da língua geral e científica.* São Paulo: Lisa, 1988.

FONTINHA, Rodrigo. *Novo dicionário etimológico da língua portuguesa.* Porto: Domingos Barreira, [s.d.].

GOUVION, Colette. *Les jours du potager.* França: Rouergue, 2000.

HENNING, Jean-Luc. *Dictionnaire littéraire et érotique des fruits et legumes.* Paris: Albin Michel, 1994.

LEWIS, Bernard. In the finger zone. *The New York Review of Books.* Nova York: [s.n.], nº 9, p. 61, 13 jun. 2002, v. XLIX.

MACHADO, José Pedro. *Dicionário etimológico da língua portuguesa, com a mais antiga documentação escrita e conhecida de muitos vocábulos estudados...* [s.l.]: Conferência, 1952.

PELT, Jean-Marie. *Des légumes, petite encyclopédie gourmande.* Paris: J'ai Lu, 2001.

PORTER, Cole. *I've got you under my skin – The complete lyrics of Cole Porter.* Nova York: Da Capo Press, 1992.

RABAA, Claudine. *L'Aubergine.* França: Actes Sud, 2001.

SPENCER'S, Colin. *Vegetable book.* Londres: Conran Octopus, 1995.

VERGÉ, Roger. *Roger Vergé's vegetables.* Londres: Mitchell Beazley, 1994.

VILLAR, Mauro. *Dicionário contrastivo luso-brasileiro.* [s.l.]: Guanabara, 1989.

WELLS, Patrícia. *Minhas receitas da Provence.* Rio de Janeiro: Ediouro, 1998.

WHEELER, William. *Les légumes.* França: Du May, 1996.

CONSULTORIAS

Pesquisador:
DR. JOSÉ LUIZ VIANA DE CARVALHO, supervisor de infra-estrutura da Embrapa Agroindústria de Alimentos (jlvc@ctaa.embrapa.br).

Para facilitar a compreensão de termos técnicos, este livro traz um glossário (p. 151). Os termos estão indicados com o sinal * nas receitas.

O rendimento das receitas é sempre para quatro pessoas, com exceção das receitas dos seguintes restaurantes: Carême Bistrô (p. 25), Deck (p. 27) e Vinheria Percussi (p. 138).

Entradas & Acompanhamentos

Barquinhas de Berinjela em Conserva com Salada Verde e Tomates Cerejas

BANANA DA TERRA | Parati

Preparo das barquinhas:

1. Em um recipiente, colocar a farinha, o sal, a margarina, o ovo e o fermento. Misturar aos poucos sem sovar.
2. Deixar a massa descansar por 20 minutos e abrir nas forminhas. Levar ao forno de 250°C por 10 minutos ou até corar.

Preparo do recheio:

1. Cortar a berinjela em cubos de 1cm e colocar de molho em água com 50ml de vinagre.
2. Cortar também em cubos a abobrinha, os pimentões e a cebola.
3. Aquecer 2 colheres de sopa de azeite em uma frigideira grande e refogar ligeiramente a cebola por 7 minutos. Reservar em uma vasilha. Repetir a operação com os pimentões, acrescentando o restante do azeite; ao final, juntá-los à cebola. Na mesma panela, refogar também a abobrinha ligeiramente e adicioná-la aos pimentões e à cebola.

Para as barquinhas:
125g de farinha de trigo (1 xícara)
3g de sal (1 colher de café)
60g de margarina (2 colheres de sopa)
1 ovo
2g de fermento (1/2 colher de café)

Para o recheio:
220g de berinjela (1 unidade pequena)
100ml de vinagre de maçã (1/2 copo)
110g de abobrinha (1/2 unidade média)
70g de pimentão amarelo (1/2 unidade média)
70g de pimentão verde (1/2 unidade média)
70g de pimentão vermelho (1/2 unidade média)
90g de cebola (1/2 unidade grande)
15ml de azeite para refogar (3 colheres de sopa)
5g de orégano (1 colher de sopa)

sal a gosto
1 pitada de pimenta-do-reino moída na hora

Para a montagem:
alface de vários tipos (americana, crespa, roxa, lisa, paulista)
tomate cereja a gosto
ciboulette e salsa picada para decorar

Utensílios necessários:
21 barquinhas de alumínio de 5cm x 3cm, escorredor

4. Escorrer a água da berinjela e secá-la com um pano. Refogar e acrescentar aos demais.
5. Deixar esfriar e temperar com orégano, sal, o restante do vinagre e pimenta.
6. Conservar na geladeira até a hora de servir.

MONTAGEM:

1. Sobre cada prato dispor três barquinhas e rechear com a conserva de berinjela.
2. Na frente das barquinhas, montar uma pequena salada de folhas e tomates-cereja.
3. Decorar com a ciboulette e salpicar o prato com salsa.

VINHO: Para dominar o vinagre, todo o poder e a pungência de um sherry fino, ou seja, que tenha sido envelhecido.

Torta-Crepe de Berinjela com Siri, Tomate Prensado e Manga com Pesto de Rúcula

BISTRÔ D'ACAMPORA | Florianópolis

Preparo do crepe:

1. Na véspera, cortar a berinjela em cubinhos, temperar com o sal grosso e deixar escorrer. Dispor a berinjela em uma assadeira e levar ao forno a 75°C por 2 horas até secar.
2. No liqüidificador, misturar todos os ingredientes, inclusive a berinjela seca, batendo até formar uma massa lisa. Deixar descansar por 30 minutos.
3. Fazer os crepes na frigideira, usando o aro. Deixar esfriar e reservar.

Preparo do siri:

Em uma panela, adicionar o azeite e cozinhar a cebola até que fique transparente. Acrescentar o siri e cozinhar por mais 5 minutos. Temperar com sal e pimenta a gosto. Desligar o fogo e juntar o cerefólio. Reservar.

Para o crepe:
500g de berinjela (2 unidades: 1 pequena e 1 média)
20g de sal grosso (4 colheres de chá)
100g de manteiga em temperatura ambiente (4 colheres de sopa)
200g de farinha de trigo peneirada (2 xícaras rasas)
4 ovos inteiros
2 gemas
500ml de leite (2 1/2 copos)
sal e pimenta-do-reino a gosto

Para o siri:
50ml de azeite extravirgem (10 colheres de sopa)
50g de cebola picada (1/2 unidade pequena)
200g de carne de siri (1 xícara)
sal e pimenta-do-reino a gosto
1 pitada de cerefólio

Para o prensado de tomate e manga:
280g de tomate (2 unidades pequenas)
sal a gosto

500g de manga (1 unidade grande)
100g de ricota (2/3 de xícara)
20g de nata fresca ou creme de leite fresco (1 colher de sopa)
10ml de azeite extravirgem (2 colheres de sopa)
sal e pimenta-do-reino a gosto
1 maço de salsa picada

Para o pesto de rúcula:
50g de castanha-do-pará (1/2 xícara)
5g de alho (1 dente)
100ml de azeite extravirgem (1/2 copo)
1 maço de rúcula
sal e pimenta-do-reino a gosto

Utensílios necessários:
escorredor, assadeira, liqüidificador, frigideira, aro de 8cm, processador de alimentos, pilão

Preparo do prensado de tomate e manga:

1. Na véspera, retirar a pele e as sementes dos tomates e cortar cada um em quatro pedaços. Temperar com sal e dispor em uma travessa, prensando-os. Reservar.
2. Cortar a manga em cubos. Reservar.
3. Triturar a ricota e cozinhar misturada com a nata e temperar com o azeite, sal e pimenta. Passar no processador. Acrescentar a salsa e reservar.

Preparo do pesto de rúcula:
Amassar muito bem num pilão todos os ingredientes do pesto e reservar.

MONTAGEM:

1. No aro, dispor camadas intercaladas de tomate, ricota, siri, manga e o crepe, terminando com o siri. Levar ao forno preaquecido por 5 minutos.
2. Colocar a torta sobre o prato de serviço, regar com o pesto e o prensado de tomate e manga.

VINHO: Um Gewürztraminer da Alsácia, de corpo mais opulento que a maioria dos Gewürztraminer produzidos em outros lugares. Aromático, doce o suficiente para se aliar à manga e, juntos, ocultarem o amargor da rúcula. Um exótico triângulo.

Purê de Berinjela

CARÊME BISTRÔ | Rio de Janeiro

PREPARO:

1. Cortar a berinjela ao meio, colocar no tabuleiro, polvilhar o sal e a pimenta, regar com 1/2 copo de azeite e levar ao forno a 150°C por 30 minutos. Deixar esfriar e retirar toda a polpa, descartando a casca.
2. Reduzir* o vinagre com o açúcar mascavo até a metade.
3. Mexer bem a polpa da berinjela e acrescentar o vinagre reduzido, todos os temperos em pó, o restante do azeite e a mostarda. Misturar bem, adicionar o gengibre, o louro, o cardamono e o anis. Levar ao fogo baixo mexendo bem até reduzir um pouco. Acrescentar o licor e corrigir o sal.

2,2kg de berinjela
(10 unidades pequenas)
sal e pimenta-do-reino moída
na hora a gosto
150ml de azeite (3/4 de copo)
150ml de vinagre balsâmico
(3/4 de copo)
50g de açúcar mascavo
(3 colheres de sopa cheias)
6g de canela em pó (3 colheres de café)
1g de cravo em pó (1/2 colher de café)
4g de cominho em pó
(2 colheres de café)
4g de curry em pó (2 colheres de café)
6g de pimenta-do-reino moída na hora (1 colher de café)
5g de noz-moscada
(1/4 de colher de café)
4g de sal de aipo (1 colher de café)
3g de zimbro bem picado
(1/2 colher de café)
2g de pimenta-da-jamaica bem picada (1/2 colher de café)
20g de mostarda (1 colher de chá)
5g de gengibre ralado
(1/2 colher de sopa)

1 folha de louro
5 grãos de cardamono
1 unidade de anis estrelado
50ml de licor de cassis
(1 cálice)

Utensílio necessário:
tabuleiro

Rendimento: 6 a 8 porções

VINHO: Da pequena região da Provença, o tinto esplêndido, vigoroso e tânico Bandol, de uvas mourvèdre, honrará esta saborosíssima preparação.

Terrina de Berinjela

DECK | Ilhabela

Preparo do molho agridoce:
Refogar a cebola no azeite. Juntar o tomate e refogar mais um pouco. Adicionar o restante dos ingredientes, menos o conhaque. Misturar levemente e deixar cozinhar em fogo brando por aproximadamente 10 minutos sem mexer muito. Acrescentar o conhaque. Reservar.

Preparo da terrina:
1. Cortar a berinjela em fatias grossas no sentido do comprimento. Descascar com cuidado para preservar as cascas inteiras. Picar a polpa e salgar. Deixar escorrer por 20 a 30 minutos. Lavar bem para retirar o sabor amargo.
2. Refogar a cebola, acrescentar a polpa picada, o pimentão, o tomate e o Fondor. Levar ao fogo brando por 20 minutos. Temperar com pimenta, sal e noz-moscada. Deixar esfriar um pouco e bater no processador ou liqüidificador até formar uma pasta. Acrescentar a gelatina hidratada e coada. Misturar as

Para o molho agridoce:
60g de cebola bem picada
(6 colheres de sopa)
60ml de azeite (12 colheres
de sopa)
400g de tomate pelati em cubos
(1 lata)
80ml de mel (6 colheres
de sopa)
100ml de ketchup (5 colheres
de sopa)
100ml de suco do próprio
tomate pelati (1/2 copo)
10g de tabasco (1 colher
de sopa)
50ml de conhaque (1 cálice)

Para a terrina:
1,2kg de berinjela (3 unidades
grandes e 1 pequena)
20g de sal (4 colheres de chá)
200g de cebola picada
(2 unidades pequenas)
200g de pimentão vermelho
picado (1 unidade grande)
150g de tomate picado
(1 unidade pequena)
30g de Fondor (2 colheres
de sopa)
15g de pimenta-do-reino moída
na hora (1 colher de chá rasa)

5g de noz-moscada (1 colher
de chá)
24g de gelatina sem sabor
(2 pacotes)
2 gemas
25ml de leite (5 colheres
de sopa)
50g de farinha de rosca
(1/2 xícara)
150ml de azeite (3/4 de copo)
300g de palmito em rodelas

Utensílios necessários:
escorredor, processador,
liqüidificador, forma, coador

Rendimento: 6 a 8 porções

gemas com o leite e acrescentar à pasta. Juntar a farinha.

3. Untar a fôrma com o azeite e forrar com as cascas da berinjela. Preencher com a pasta, recheando com as rodelas de palmito. Cobrir com as pontas das cascas e pincelar azeite. Assar em banho-maria* a 180°C por 25 minutos.

4. Servir a terrina fria sobre o molho quente.

VINHO: O molho agridoce manda e a gente obedece – Lambrusco seco.

Gâteau de Berinjela e Alcachofra ao Azeite de Tomilho e Manjericão

CANTALOUP | São Paulo

PREPARO:

1. Cozinhar os fundos de alcachofra em água e sal.
2. Em uma forma, assar a berinjela com sal, pimenta e 5 colheres de sopa de azeite por 10 minutos.
3. Montar o gâteau intercalando uma fatia de berinjela, boursin e alcachofra. Temperar com manjericão, tomilho e o restante do azeite. Finalizar acrescentando sobre cada gâteau o aspargo previamente cozido em água e sal.

VINHO: Os aspargos e as alcachofras brilharão com um Riesling que, no Mosel, encontra a sua mais fina expressão, por seu poderoso aroma cortante e pela mistura dos elementos minerais presentes no local da vinha.

4 fundos de alcachofra
220g de berinjela (1 unidade pequena)
sal e pimenta-do-reino a gosto
50ml de azeite (10 colheres de sopa)
60g de queijo boursin (4 colheres de sobremesa bem cheias)
12 folhas de manjericão
folhas de 1 ramo de tomilho
200g de pontas de aspargos (8 unidades)

Utensílio necessário:
forma

Patê de Berinjela

DOM GIUSEPPE | Belém

400g de berinjela (2 unidades
pequenas)
azeite extravirgem para pincelar
100g de cebola (1 unidade
pequena)
200ml de vinagre branco
(1 copo)
10g de alho (2 dentes)
20g de cebolinha (4 colheres
de sopa)
100g de creme de leite
(1/2 caixa)

Utensílios necessários:
assadeira, escorredor,
processador de alimentos

PREPARO:

1. Cortar a berinjela em rodelas de aproximadamente um dedo de largura. Pincelar com o azeite e dispor sobre a assadeira untada. Levar ao forno preaquecido a 180°C por 17 minutos.

2. Enquanto isso, picar a cebola e adicionar ao vinagre, deixando curtir por 5 minutos. Escorrer retirando todo o excesso de vinagre.

3. Passar a berinjela assada junto com os demais ingredientes no processador até obter uma mistura homogênea.

4. Servir o patê gelado com torradas ou biscoitos para canapê.

VINHO: Um cálice do Porto branco seco, e tudo começará a fazer sentido.

Musse de Berinjela ao Manjericão com Creme de Tomate

A FAVORITA I Belo Horizonte

Preparo da musse de berinjela ao manjericão:

1. Dissolver a gelatina e coar. Reservar.
2. Triturar o alho e a cebola.
3. Descascar a berinjela, cortar em cubos e dourar no azeite com a cebola e o alho por aproximadamente 10 minutos. Temperar com sal e pimenta, retirar com a escumadeira e colocar no processador, juntando a gelatina coada. Bater tudo, adicionando a ricota, o manjericão e 8 azeitonas. Transferir a pasta para um recipiente e deixar esfriar.
4. Bater a clara em neve bem firme e incorporar delicadamente à pasta de berinjela. Levar a musse à geladeira e deixar descansar por 3 horas.

Preparo do creme de tomate:

1. Remover a polpa do tomate.
2. Cortar o pimentão em cubos pequenos.
3. Juntar a polpa do tomate, os cubos de pimentão, o suco de limão, o azeite, o sal

Para a musse de berinjela ao manjericão:
10g de gelatina em folha (10 folhas)
5g de alho (1 dente)
35g de cebola roxa (1/2 unidade)
350g de berinjela (1 unidade grande)
40ml de azeite (8 colheres de sopa)
sal e pimenta-do-reino a gosto
125g de ricota (5/6 de xícara)
20g de manjericão picado (1/4 de maço)
125g de azeitona preta (25 unidades)
1 clara
folhas de basilicão em tirinhas para decorar

Para o creme de tomate:
330g de tomate maduro (1 1/2 unidade grande)
30g de pimentão vermelho (1/6 de pimentão)
10ml de suco de limão (2 colheres de sopa)

25ml de azeite extravirgem
(5 colheres de sopa)
sal e pimenta-do-reino a gosto

Utensílios necessários:
coador, escumadeira,
processador de alimentos

e a pimenta no processador. Bater até que o creme fique homogêneo. Passar no coador.

4. Com 1 colher, colocar 2 porções de musse em cada prato coberto com o molho de tomate. Decorar com o restante das azeitonas e as folhas de basilicão.

VINHO: O Anjou-Villages, tinto leve, para conduzir a delicadeza da musse longe da acidez do tomate.

Berinjela Ouro Preto

ENSEADA | Rio de Janeiro

PREPARO:

1. Cortar a berinjela, o pimentão, a cebola e o tomate em rodelas de 1cm de espessura.
2. Na travessa, arrumar os legumes intercalando-os no sentido vertical. Adicionar o azeite, o orégano, o queijo e o sal.
3. Cobrir a travessa com o papel-alumínio e levar ao forno quente por 25 minutos.
4. Servir acompanhado de carnes grelhadas.

VINHO: O profundo e saboroso Refosco Colli Orientali D.O.C. vai repetir a densidade do prato.

500g de berinjela (2 unidades:
1 média e 1 pequena)
350g de pimentão verde
(2 1/2 unidades)
400g de cebola (4 unidades
pequenas)
400g de tomate-salada
(2 unidades)
300ml de azeite (1 1/2 copo)
10g de orégano (2 colheres
de sopa)
100g de queijo parmesão ralado
(7 colheres de sopa)
sal a gosto

Utensílios necessários:
travessa refratária de
27cm x 17cm, papel-alumínio

Berinjela | Aromas e Sabores da Boa Lembrança

Sopa de Berinjela

ESCH CAFE (LEBLON) I Rio de Janeiro

440g de berinjela (2 unidades
pequenas)
5g de alho (1 dente)
20ml de azeite (4 colheres
de sopa)
30g de manteiga sem sal
(1 colher de sopa)
2 cubos de caldo de carne
1 litro de água quente
10g de salsa (2 colheres de sopa)
10g de manjericão (2 colheres
de sopa)
100g de queijo parmesão ralado
grosso (7 colheres)
2 ovos
sal e pimenta-do-reino moída
na hora a gosto

Para o crostini:
100g de baguete (1/2 unidade)
200ml de azeite (1 copo)
50g de queijo parmesão
(3 colheres de sopa)

Utensílios necessários:
ralador, sopeira

Preparo da sopa de berinjela:

1. Lavar a berinjela, retirar as pontas e cortar em cubos pequenos.
2. Amassar o alho e dourar no azeite com a manteiga. Juntar a berinjela e deixar apurar* o sabor.
3. Dissolver os cubos de caldo de carne na água.
4. Acrescentar o caldo de carne à berinjela e deixar cozinhar em fogo brando por 35 minutos.
5. Lavar a salsa e o manjericão. Picar e colocar na sopeira com o parmesão, os ovos e a pimenta. Mexer bem até obter uma mistura homogênea. Adicionar o sal e, com um garfo, sem parar de mexer, acrescentar aos poucos a sopa de berinjela.
6. Servir com os crostinis.

Preparo do crostini:

Cortar a baguete em fatias de 5mm e levar ao forno. Ainda quente, pincelar com o azeite e salpicar o queijo. Reservar.

VINHO: Das cercanias de Verona vem o atraente Valpolicella complementar a singeleza dos sabores aqui propostos.

Rolinho de Berinjela com Banana-da-Terra ao Creme de Camarão

FOGO CAIPIRA | Campo Grande

220g de camarão limpo (22 unidades)
30ml de suco de limão coado (6 colheres de sopa)
sal e pimenta-do-reino a gosto
5g de alho amassado (1 dente)
15g de cebola picada (1 colher de sopa)
180g de tomate maduro sem pele e sem semente (1 unidade média)
5ml de azeite (1 colher de sopa)
100ml de leite de coco (1/2 copo)
100ml de água (1/2 copo)
20g de farinha de trigo (1 1/2 colher de sopa rasa)
20g de creme de leite (1 colher de sopa)
5g de cheiro-verde (1 colher de sopa)
220g de berinjela (1 unidade pequena)
1 litro de água
5g de sal (1 colher de chá)
suco de 1 limão
30ml de azeite para grelhar (6 colheres de sopa)

PREPARO:

1. Temperar o camarão com o limão, o sal e a pimenta.
2. Refogar o alho, a cebola e o tomate no azeite. Acrescentar o camarão ao refogado e mexer um pouco. Deixar em fogo baixo.
3. À parte, misturar o leite de coco, a água e a farinha. Juntar ao refogado, mexendo sempre. Deixar apurar* por aproximadamente 3 minutos e desligar o fogo. Acrescentar o creme de leite e o cheiro-verde. Reservar.
4. Lavar e secar a berinjela, cortar no sentido do comprimento em 12 fatias muito finas. Deixar de molho em água, sal e limão para que não escureça. Secar e grelhar no azeite. Reservar.
5. Cortar cada banana em 6 fatias finas no sentido do comprimento. Fritar no óleo.

6. Dispor uma fatia de banana sobre cada fatia de berinjela. Rechear com o creme de camarão e enrolar.
7. Arrumar os rolinhos em pé no prato e guarnecer com o restante do creme. Decorar com a salsa.

320g de banana-da-terra bem madura (2 unidades)
50ml de óleo (10 colheres de sopa)
salsa para decorar

VINHO: Reafirme o leite de coco, que está nesta receita para minimizar a acidez dos tomates, com um Chardonnay do Novo Mundo.

Berinjela ao Molho de Raiz-Forte

GARRAFEIRA | Recife

Para o molho branco:
500ml de leite (2 1/2 copos)
60g de manteiga (2 colheres
    de sopa)
60g de farinha de trigo
    (1/2 xícara)
3g de noz-moscada ralada
    (1 colher de café rasa)
10g de sal (2 colheres de chá)
5g de pimenta-branca moída
    (1/4 de colher de chá)

Para o molho de raiz-forte:
10g de raiz-forte (2 colheres
    de sobremesa)
100ml de vinho branco seco
    (1/2 copo)
150g de creme de leite fresco
    (7 colheres de sopa)
100ml de molho branco (1 copo)
sal e pimenta-do-reino a gosto

Para a berinjela:
220g de berinjela (1 unidade
    pequena)
sal e pimenta-do-reino a gosto
5ml de azeite (1 colher de sopa)
30g de farinha de trigo
    (2 colheres de sopa)
2 ovos

Preparo do molho branco:

1. Aquecer o leite em fogo baixo.
2. Numa panela, derreter a manteiga e adicionar a farinha mexendo sem parar. Acrescentar o leite morno e mexer até engrossar. Temperar com noz-moscada, sal e pimenta.

Preparo do molho de raiz-forte:
Juntar a raiz-forte com o vinho, o creme de leite e um copo de molho branco. Temperar a gosto e levar ao fogo por 10 minutos.

Preparo da berinjela:

1. Cortar a berinjela em rodelas, temperar com sal, pimenta e azeite. Passar na farinha e depois nos ovos batidos. Fritar e reservar.
2. Cobrir as rodelas de berinjela com o molho de raiz-forte. Adicionar o molho branco, polvilhar o parmesão e levar para gratinar.*
3. Servir com torradas.

VINHO: O sabor marcante da raiz-forte aliado ao alho pede um vinho de boa estrutura como um Merlot chileno.

20g de queijo parmesão ralado para gratinar* (2 colheres de sobremesa)

Pão e Pasta de Berinjela

GOSTO COM GOSTO | Visconde de Mauá

Para o pão:
25g de fermento em pó
(2 colheres de sopa)
50ml de leite morno (1/4 de copo)
20ml de óleo (4 colheres de sopa)
1 ovo
7g de açúcar (1 colher
de sobremesa)
5g de sal (1 colher de chá)
25g de cebola (1/4 de uma
unidade pequena)
55g de berinjela com casca
(1/4 de uma unidade
pequena)
250g de farinha de trigo
(17 colheres de sopa)
1 gema

Para a pasta de berinjela:
220g de berinjela (1 unidade
pequena)
100g de cebola (1 unidade
pequena)
30g de manteiga (1 colher
de sopa)
20ml de shoyu (4 colheres
de sopa)
15g de mostarda (1 colher
de sobremesa)

Utensílios necessários:
liqüidificador, tigela

Preparo do pão:

1. Bater todos os ingredientes no liqüidificador, menos a farinha e a gema. Colocar a mistura na tigela e ir acrescentando a farinha aos poucos. Sovar bem até a massa ficar lisa. Deixar descansar até dobrar de volume.

2. Moldar os pães como desejar e rechear com a pasta. Deixar descansar até que dobrem novamente de volume. Pincelar com a gema e assar em forno previamente aquecido.

Preparo da pasta de berinjela:

1. Cortar a berinjela e a cebola em cubos.

2. Fritar a cebola na manteiga e acrescentar a berinjela, o shoyu e a mostarda.

3. Pingar água e deixar cozinhar até que a berinjela quase se desmanche por inteiro. Corrigir o sal, se necessário.

VINHO: Para compensar o toque doce do shoyu, um Pinot Noir da Nova Zelândia.

Salada de Berinjela e Grão-de-Bico

LA GONDOLA | Teresina

Preparo do molho de tomate:

1. Numa panela grande, juntar os tomates cortados em 4 pedaços ou mais, a cebola, a cenoura e o salsão picados grosseiramente.

2. Levar ao fogo e deixar cozinhar por 1 hora em fogo baixo. Na metade do tempo, adicionar o sal e, se necessário, juntar o açúcar para quebrar a acidez. (Quanto mais maduro o tomate, menor a acidez.) Retirar do fogo e passar no liqüidificador até obter um molho homogêneo.

3. Passar o molho na peneira e levar novamente ao fogo, cozinhando por mais 20 a 30 minutos, até que atinja uma consistência densa.

Preparo da salada:

1. Cortar a berinjela em rodelas finas (3mm) e fritar em 4 colheres de azeite. Reservar.

2. Cozinhar o grão-de-bico, retirando a pele quando estiver cozido. Reservar alguns grãos para decoração.

Para o molho de tomate:
2, 2kg de tomate bem maduro e com casca (10 unidades grandes)
140g de cebola (1 unidade média)
130g de cenoura (1 unidade média)
160g de salsão (4 talos)
sal a gosto
30g de açúcar (2 colheres de sopa)

Para a salada:
560g de berinjela em rodelas (2 unidades médias)
30ml de azeite extravirgem (6 colheres de sopa)
250g de grão-de-bico
250g de molho de tomate
sal e pimenta-negra moída na hora a gosto
1 pé de alface americana
50g de folhas de rúcula (24 folhas – 6 para cada prato)
100g de queijo parmesão ralado grosso (7 colheres de sopa)

Utensílios necessários:
caçarola, liqüidificador, peneira fina, escorredor

3. Numa caçarola, juntar a berinjela, o grão-de-bico e o molho de tomate. Refogar por aproximadamente 10 minutos ou até que a berinjela fique macia. Temperar com sal e pimenta.

4. Retirar as folhas murchas e hastes duras da alface e desprezar. Lavar as folhas em bom estado, escorrer e secar. Em seguida, empilhar todas elas formando um cilindro bem apertado e cortar em tiras largas. Arrumar as tiras sobre pratos individuais, formando uma cama. Por cima, dispor as folhas de rúcula e, depois, polvilhar com o parmesão.

5. Despejar uma concha bem cheia de berinjela e grão-de-bico no centro do prato sobre as folhas de alface e rúcula.

6. Decorar com grão-de-bico e regar com o azeite restante em fio.

VINHO: Dois ingredientes pedem um pouco de doçura – o tomate e a rúcula. Um Sylvaner ou Pinot Gris Alsaciano atenderão estes pedidos.

Harumakis de Caviar de Berinjela e Ovas de Massago

SUSHI LEBLON | Rio de Janeiro

Preparo do molho:
Misturar tudo, menos o suco do limão. Antes de servir, temperar com o limão.

Preparo dos harumakis:
1. Assar as berinjelas no forno a 200°C até que estejam bem murchas. Retirar a polpa numa tigela grande e adicionar todos os ingredientes, menos as folhas de massa e o óleo, temperando bem.
2. Dispor sobre cada folha de massa 1 colher do recheio. Fechar as pontas primeiro e depois enrolar no sentido do comprimento. Fritar no óleo bem quente até ficar crocante.
3. Servir com o molho.

VINHO: Para arejar as berinjelas e dar frescor ao prato, um Pinot Blanc da Alsácia.

Obs.:
1. As ovas de massago são encontradas em lojas de produtos japoneses.
2. Utilizar óleo de gergelim que não seja obtido de sementes torradas.

Para o molho:
400ml de suco de laranja reduzido*
 à metade (6 unidades)
100ml de shoyu (1/2 copo)
10ml de óleo de trufas
 (2 colheres de sopa)
30ml de óleo de gergelim
 (6 colheres de sopa)
10ml de suco de limão
 (2 colheres de sopa)

Para os harumakis:
440g de berinjela (2 unidades
 pequenas)
100ml de azeite extravirgem
 (1/2 copo)
5g de alho ralado bem fino (1 dente)
5g de gengibre (1/2 colher de sopa)
sal a gosto
20ml de suco de limão siciliano
 (4 colheres de sopa)
100ml de shoyu (1/2 copo)
200g de ovas de massago
 (13 colheres de sopa)
40ml de óleo de gergelim
 (8 colheres de sopa)
8 folhas de massa para
 rolinho primavera
óleo de girassol para fritar

Utensílio necessário:
tigela

Timbale Morno de Berinjela e Scampi

VECCHIO SOGNO | Belo Horizonte

440g de berinjela (2 unidades pequenas)
sal e pimenta-do-reino a gosto
60ml de azeite extravirgem (12 colheres de sopa)
10g de manjericão (2 colheres de sopa)
20g de alho picado (4 dentes)
100g de cebola picada (1 unidade pequena)
3g de pimenta calabresa (1 colher de chá)
30ml de vinagre balsâmico (6 colheres de sopa)
250g de scampi fresco limpo (5 unidades) (lagostim ou camarão cascudo)
10ml de suco de limão (2 colheres de sopa)
10g de salsa (2 colheres de sopa)
4 folhas de alface
2 folhas de radiccio

Utensílios necessários:
4 formas de timbale (semi-esférica)

PREPARO:

1. Cortar 8 rodelas de berinjela com a casca, no tamanho da forma de timbale. Temperar com sal e pimenta-do-reino, pincelar com um pouco do azeite e grelhar.

2. Descascar o restante da berinjela e cortar em cubos.

3. Picar o manjericão.

4. Numa panela, refogar o alho e a cebola em 2 colheres de sopa de azeite. Acrescentar os cubos de berinjela, temperar com 1 pitada de sal e pimenta calabresa. Refogar rapidamente e finalizar com um pouco do manjericão e o vinagre balsâmico.

5. Retirar o scampi da casca, limpar e cortar em pequenos pedaços. Temperar com sal, pimenta-do-reino, limão, o restante do azeite e a salsa picada na hora. Deixar marinar* por 10 minutos.

6. Misturar a berinjela refogada com o scampi e corrigir o tempero.

7. Cobrir o fundo de cada forma com 1 rodela da berinjela grelhada, dispor uma camada da mistura de berinjela com scampi e finalizar com outra rodela de berinjela.
8. Desenformar sobre um prato e servir ladeado de folhas de alface e radiccio.

VINHO: O sofisticado scampi merece a nobreza de um Fendant du Valais, superior suíço de uvas chasselas.

Rolinhos de Berinjela com Queijo de Cabra e Manjericão

MARCEL | Fortaleza

440g de berinjela com casca
(2 unidades pequenas)
20ml de azeite (4 colheres
de sopa)
200g de queijo de cabra tipo
frescal
sal e pimenta-do-reino a gosto
32 folhas pequenas
de manjericão

Utensílios necessários:
frigideira antiaderente, tigela

PREPARO:

1. Cortar a berinjela em fatias finas, no sentido do comprimento. Na frigideira, dourar as fatias com 1 colher de sopa de azeite. Deixar esfriar.

2. Na tigela, amassar o queijo com a ponta do garfo, temperando com sal, pimenta e o restante do azeite.

3. Sobre cada fatia de berinjela colocar um pouco do queijo com 2 folhas de manjericão. Em seguida, enrolar formando rolinhos.

4. Regar com azeite e servir frio.

VINHO: Pense num vinho tinto jovem, vigoroso, agradável, seco e italiano... Barbera d'Alba.

Berinjela ao Curry

MARCEL (BROOKLIN) | São Paulo

PREPARO:

1. Cortar a berinjela em cubos de aproximadamente 2cm e colocar sobre a toalha de papel para secar.
2. Cortar a cebola em cubos.
3. Retirar a pele e as sementes do tomate e picar.
4. Na frigideira, refogar a cebola no óleo de amêndoas. Juntar a berinjela, o tomate e as uvas passas até dourar. Adicionar o vinagre, o mel e o curry. Refogar por mais 3 minutos. Desligar o fogo e temperar com sal e pimenta.
5. Cortar a maçã em cubos.
6. Passar a mistura para uma tigela e cobrir com os cubos de maçã e as amêndoas.

VINHO: O curry requer um vinho que dê um complemento de frescor, como um Chardonnay australiano do Hunter Valley.

500g de berinjela (2 unidades: 1 grande e 1 pequena)
180g de cebola (1 unidade grande)
360g de tomate (2 unidades médias)
15ml de óleo de amêndoas (3 colheres de sopa)
130g de uvas passas (1 xícara)
10ml de vinagre (2 colheres de sopa)
10ml de mel (1 colher de sopa)
15g de curry (1 colher de sopa)
sal e pimenta-branca a gosto
1 maçã com casca
40g de amêndoa picada (2 colheres de sopa)

Utensílios necessários:
toalha de papel, frigideira grande, tigela

Yaki Nassu

NAKOMBI | São Paulo

900g de berinjela baby
(12 unidades)
50g de gengibre (5 colheres
de sopa)
40g de okaka*
200ml de shoyu (1 copo)

Utensílios necessários:
ralador, papel-alumínio, grelha
de abrir e fechar (para peixe),
toalha de papel

PREPARO:

1. Lavar a berinjela.
2. Lavar e descascar o gengibre. Ralar e reservar.
3. Embrulhar a berinjela no papel-alumínio e colocar na grelha. Levar ao fogo alto, alternando os lados a cada 6 minutos aproximadamente.
4. Lavar na água corrente a berinjela já grelhada para tirar o excesso da casca. Secar com a toalha de papel.
5. Dispor em cada porção 3 berinjelas cortadas em 4 pedaços. Acrescentar o gengibre nos cantos e cobrir a berinjela com okaka.*
6. Servir cada porção com shoyu a gosto.

VINHO: Para equilibrar a docilidade do shoyu e hidratar o tanto de seco do okaka, um vinho húngaro feito de uva furmint, branco, cheio de caráter, para ser bebido jovem.

Salada Fria de Berinjela com Nozes e Molho Gorgonzola

PAPAGUTH | Vitória

Preparo do molho de gorgonzola:
Esfarelar ou peneirar o gorgonzola e misturar ao creme de leite. Acrescentar o azeite, o vinagre, o sal e a pimenta.

Preparo do croûton:
1. Retirar a casca das fatias do pão e cortar em cubos de 1cm.
2. Juntar a manteiga e o azeite na frigideira e acrescentar os cubos de pão. Balançar a frigideira sobre o fogo bem alto por 5 minutos. Escorrer e temperar com sal e as ervas.

Preparo da salada:
1. Cortar a berinjela em cubos. Colocar em um escorredor com sal por 40 minutos para que perca o sabor amargo. Em seguida, lavar, enxugar e dourar na frigideira sem óleo e bem aquecida.
2. Num prato, arrumar os cubos de berinjela misturados com as nozes. Adicionar o molho e, depois, o croûton. Finalizar salpicando a salsa.

Para o molho de gorgonzola:
100g de gorgonzola (2/3 de xícara)
150g de creme de leite (3/4 de caixinha)
20ml de azeite (4 colheres de sopa)
10ml de vinagre balsâmico (2 colheres de sopa)
sal e pimenta-do-reino a gosto

Para o croûton:
8 fatias de pão de forma
30g de manteiga (1 colher de sopa)
5ml de azeite (1 colher de sopa)
sal e ervas secas para temperar

Para a salada:
1kg de berinjela (5 unidades pequenas)
sal a gosto
50g de nozes (2 1/2 colheres de sopa)
molho de gorgonzola
100g de croûton
10g de salsa (2 colheres de sopa)

Utensílios necessários:
frigideira, escorredor, peneira

VINHO: A idéia de que o queijo e o vinho se casaram no paraíso não se confirma na prática; geralmente, vinhos e queijos de uma mesma região simpatizam-se. A escolha para esta receita deverá ser de um tinto leve, fresco, jovem, tudo muito, como um Beaujolais.

Chutney de Berinjela com Camarões

ROANNE | São Paulo

Preparo do caldo de peixe:
Juntar todos os ingredientes em uma panela e deixar cozinhar até ferver bem e reduzir* à metade. Coar e reservar 200ml.

Preparo do chutney e dos camarões:

1. Dourar os camarões em uma frigideira com 3 colheres de sopa de azeite. Reservar.

2. Na mesma frigideira, preparar um molho acrescentando 200ml do caldo de peixe, o molho de soja e o restante do azeite. Deixar ferver. Temperar com o sal e as pimentas. Reservar.

3. Lavar, descascar e cortar as berinjelas em cubos grandes (aproximadamente 2cm x 2cm). Escorrer, salpicar com sal e reservar por 3 horas. Lavar, secar e reservar.

4. À parte, preparar o chutney levando os demais ingredientes, à exceção das folhas verdes e das ervas, para ferver um pouco. Em seguida, acrescentar os cubos de berinjela e deixar cozinhar em fogo baixo até que fiquem bem macios.

Para o caldo de peixe:
600ml de água (3 copos)
1 cabeça de peixe
1 rabo de peixe
70g de cebola (1/2 unidade média)
90g de tomate (1/2 unidade média)
80g de cenoura (1/2 unidade grande)
1 talo de salsão
sal a gosto

Para o chutney e os camarões:
260g de camarão limpo (20 unidades)
130ml de azeite extravirgem (26 colheres de sopa)
200ml de caldo de peixe (1 copo)
50ml de molho de soja (10 colheres de sopa)
20g de sal (1 colher de sopa cheia)
5g de pimenta-vermelha (1/4 de colher de sopa)
1 pimenta malagueta seca
500g de berinjela (2 unidades: 1 média e 1 pequena)
130g de açúcar mascavo (7 colheres de sopa)

300ml de água (1 1/2 copo)
300ml de vinagre (1 1/2 copo)
50g de uvas passas (4 colheres de sopa)
15g de alho amassado (3 dentes)
130g de cebola picada (1 unidade média)
20g de gengibre fresco ralado (2 colheres de sopa)
folhas verdes e ervas para decorar

Utensílios necessários:
coador, frigideira, escorredor

5. No centro do prato, distribuir o chutney de berinjela, dispor os camarões em volta e regar com o molho preparado com o caldo de peixe. Arrumar as folhas verdes sobre o chutney e decorar com as ervas.

VINHO: O espumante seco popular dos Alpes do leste do Rhône Clairette de Die, aliado ao gengibre, quebrará a docilidade do chutney, para permitir que o camarão reine.

Berinjela Síria

VIRADAS DO LARGO | Tiradentes

Preparo da berinjela:

1. Cortar o peito de frango em cubos.
2. Refogar na manteiga e em 2 colheres de azeite a cebola, o alho, o sal e a pimenta e o peito de frango. Reservar.
3. Refogar a berinjela no restante do azeite.
4. Retirar o chanclich da geladeira e amassar bem com um garfo.
5. Na travessa, misturar o peito de frango, o tomate, o chanclich e, por último, a berinjela.

Preparo dos queijos chanclich:

1. Amassar a ricota com o azeite até o ponto de pasta (que dê para enrolar).
2. Adicionar o zátar, o sal e as três pimentas. Fazer 2 bolas, enrolar no papel-filme e levar à geladeira.

VINHO: O zátar domina e pede a companhia de um conterrâneo libanês, tinto de uvas Cabernet Sauvignon.

Para a berinjela:
440g de peito de frango
(2 unidades)
30g de manteiga (1 colher de sopa)
20ml de azeite (4 colheres de sopa)
140g de cebola (1 unidade média)
10g de alho (2 dentes)
sal e pimenta-do-reino a gosto
440g de berinjela cortada em cubos (2 unidades pequenas)
2 queijos chanclich
360g de tomate com semente (2 unidades médias)

Para os queijos chanclich:
250g de ricota
30ml de azeite (6 colheres de sopa)
10g de zátar (1 colher de sopa)
sal e pimenta-branca a gosto
pimenta síria a gosto
3g de pimenta calabresa seca (1/2 colher de chá)

Utensílios necessários:
travessa, papel-filme

Berinjela com Queijo

XAPURI | Belo Horizonte

880g de berinjela (4 unidades pequenas)
2 litros de água
500g de ricota (4 1/3 xícaras)
250g de requeijão (1 copo)
150g de presunto tipo Parma (10 fatias)
10ml de azeite (2 colheres de sopa)
3g de sal (1 colher de café)
5ml de molho inglês (1 colher de sopa)
20g de ketchup (1 colher de sopa)
5g de pimenta-do-reino branca (1 colher de café)
5g de manjericão desidratado para decorar (1 colher de chá)
40g de azeitona preta picada (8 unidades)
100g de noz moída (1 xícara)
10g de salsa fresca, seca e picada (2 colheres de sopa)
ramos de manjericão e tomate seco para decorar

Utensílios necessários:
escorredor, processador de alimentos

PREPARO:

1. Cortar a berinjela no sentido vertical sem retirar os cabos. Remover a polpa e deixar de molho na água para não escurecer. Reservar as cascas para rechear.

2. Levar os 2 litros de água ao fogo. Assim que ferver, acrescentar a polpa de berinjela e deixar por 4 minutos. Escorrer e reservar.

3. Passar no processador a ricota e o requeijão e ir acrescentando os outros ingredientes, com exceção das azeitonas, das nozes e da salsa.

4. Retirar o recheio do processador, colocar em um recipiente e acrescentar as azeitonas, as nozes e a salsa (reservar um pouco desses ingredientes para a finalização do prato).

5. Colocar o recheio nas cascas de berinjela.

6. Dispor a berinjela num prato e salpicar o restante das azeitonas, das nozes e da salsa. Decorar com os ramos de manjericão e o tomate seco.

VINHO: Os queijos e o presunto de Parma vão precisar de um vinho tinto leve, muito jovem e muito fresco como um Bardolino ou um Beaujolais.

Compota de Berinjela ao Mel

ALICE | Brasília

1kg de berinjela bem firme e
de pele lisa (2 unidades
grandes e 1 unidade média)
60ml de azeite extravirgem
(12 colheres de sopa)
15g de alho (3 dentes)
30g de gengibre fresco
(3 colheres de sopa)
6g de cúrcuma* (1 colher
de café)
3 folhas de louro
20g de grãos de mostarda
(2 colheres de sopa)
20 grãos de cominho
(2 colheres de sopa)
20 grãos de pimenta-do-reino
inteiros (2 colheres de sopa)
45g de sal (3 colheres de sopa)
100ml de mel (1/2 copo)

Utensílios necessários:
frigideira, toalha de papel,
vidro com tampa

PREPARO:

1. Descascar a berinjela e cortar em pedaços de 2cm. Dourar na frigideira, em 8 colheres de azeite. Deixar escorrer sobre uma toalha de papel.

2. Amassar bem o alho e reservar.

3. Descascar o gengibre e cortar em tiras bem finas.

4. Numa panela, juntar o gengibre, o alho, o cúrcuma* e o louro e levar ao fogo brando com 2 colheres de sopa de azeite. Deixar cozinhar por 2 minutos. Reservar.

5. Em outra panela, dourar em fogo forte os grãos de mostarda, cominho e pimenta em 2 colheres de sopa de azeite.

6. Colocar as berinjelas em um prato fundo, temperar com o sal e juntar as duas misturas de especiarias, mexendo delicadamente para incorporar os sabores.

7. Colocar os pedaços de berinjela no vidro limpo e desinfetado e cobrir com o mel até a boca. Fechar o vidro hermeticamente e consumir após 30 dias.

Excelente acompanhamento para carnes assadas quentes ou frias.

VINHO: Em geral, as carnes assadas fazem boas parcerias com tintos finos. A preferência é por um Shiraz australiano, cheio de personalidade.

Massas & Risotos

Fettuccine de Berinjela

ESCH CAFE (CENTRO) | Rio de Janeiro

PREPARO:

1. Cozinhar o fettuccine com bastante água fervente até ficar al dente (aproximadamente 8 minutos em fogo médio). Escorrer e resfriar em água corrente. Reservar.
2. Lavar os tomates e retirar a pele e as sementes. Reservar.
3. Em uma panela, refogar o alho com a cebola na manteiga. Acrescentar o tomate, o sal e a pimenta. Deixar o molho cozinhar por 30 minutos em fogo brando. Adicionar o manjericão e apagar o fogo.
4. Lavar a berinjela, retirar a casca e cortar em tirinhas.
5. Cortar o filé de frango também em tirinhas.
6. Dourar a berinjela no azeite juntamente com o frango. Adicionar o molho e deixar levantar fervura.
7. Cobrir o fettuccine com o molho. Guarnecer com o parmesão e servir.

400g de massa para fettuccine
560g de tomate (4 unidades pequenas)
5g de alho (1 dente)
100g de cebola (1 unidade pequena)
30g de manteiga (1 colher de sopa)
3g de sal (1 colher de café)
pimenta-do-reino a gosto
20g de manjericão (60 folhas)
880g de berinjela (4 unidades pequenas)
200g de filé de peito de frango (1 unidade)
20ml de azeite (4 colheres de sopa)
200g de queijo parmesão ralado (13 colheres de sopa)

Utensílios necessários:
escorredor, ralador

VINHO: Experimente esta receita com um vinho de uva viognier – que é moda na Provença e na Califórnia – com seu levíssimo sabor de limão. É o casamento de vinho e comida realizado no céu.

Berinjela | Aromas e Sabores da Boa Lembrança

Ravióli de Berinjela com Molho de Tomate e Alice

EMPÓRIO RAVIÓLI | São Paulo

Para a massa:
4 ovos
5ml de azeite (1 colher de sopa)
400g de farinha de trigo
(3 xícaras cheias)
5g de sal (1 colher de chá)

Para o recheio:
440g de berinjela (2 unidades
pequenas)
100g de queijo parmigiano
reggiano ralado
(8 colheres de sopa)
50g de queijo mascarpone
(2 colheres de sopa)
20 folhas de manjericão picadas
sal a gosto
1 clara para pincelar a massa

Para o molho:
1,4kg de tomate maduro
(8 unidades médias)
1 pimenta dedo-de-moça
30ml de azeite (6 colheres de
sopa)
60g de alice (4 filés)
sal a gosto
salsa picada fino para decorar

Preparo da massa:

1. Misturar os ovos com o azeite.

2. Na batedeira (não deve ser o mixer comum) juntar a farinha e o sal. Acrescentar os ovos misturados ao azeite e bater até ficar com aparência granulada. Em seguida, passar a amassar na mão até obter uma aparência lisa. Adicionar o sal e deixar descansar por 1 hora sob uma vasilha emborcada.

Preparo do recheio:

1. Cortar as berinjelas em cubos e deixar no escorredor por 1 hora, para perder o sabor amargo.

2. Untar a assadeira, colocar os cubos de berinjela e levar ao forno por 20 minutos em fogo preaquecido a 180°C. Quando estiver assada e fria, moer ou passar no processador.

3. Juntar o parmigiano reggiano, o mascarpone e as folhas de manjericão. Ajustar o sal.

4. Abrir a massa com o rolo e pincelar com a clara (para fechar melhor os raviólis).
5. Fazer bolinhas com o recheio e distribuir sobre a massa. Cortar a massa em quadrados e fechar como se fosse um pequeno pastel.
6. Cozinhar os raviólis em água fervendo e salgada até subirem à superfície.

Utensílios necessários: batedeira, escorredor, assadeira, moedor ou processador de alimentos, rolo para abrir massa, pratos rasos de tamanho maior que o convencional

Preparo do molho:
1. Retirar a pele e as sementes do tomate e cortar em cubos.
2. Picar a pimenta após remover as sementes e reservar.
3. Na frigideira, levar os cubos de tomate para refogar com o azeite. Deixar por aproximadamente 10 minutos. Acrescentar o alice. Juntar a pimenta e corrigir o sal.
4. Dispor os raviólis nos pratos. Cobrir delicadamente com o molho bem quente, mas sem encharcar. Decorar salpicando a salsa nas bordas.

VINHO: Um siciliano Nero d'Avola, que fará uma belíssima parceria com esta delicada receita.

Crepe a Rigor

LUNA BISTRÔ | Tibaú do Sul

Para o molho provençal:
15g de farinha de trigo (1 colher
de sopa)
200ml de leite (1 copo)
120g de manteiga (4 colheres
de sopa)
15g de salsa (3 colheres
de sopa)
100g de cebola (1 unidade
pequena)
sal, pimenta-do-reino e
noz-moscada a gosto

Para o crepe:
100g de berinjela (1/2 unidade
pequena)
100g de farinha de trigo
peneirada (7 colheres
de sopa)
1 pitada de sal
1 ovo batido
200ml de leite (1 copo)
100ml de água (1/2 copo)
30g de cebola bem picada
(2 colheres de sopa)
5g de alho (1 dente)
10ml de azeite extravirgem
(2 colheres de sopa)
100g de molho provençal
55g de cogumelo picado em
quatro pedaços (5 unidades)

Preparo do molho provençal:
1. Dissolver a farinha no leite.
2. Derreter a manteiga, juntar a salsa, a cebola e a farinha dissolvida. Temperar com sal, pimenta e noz-moscada e deixar cozinhar por 15 minutos. Reservar.

Preparo do crepe:
1. Cortar a berinjela e deixar de molho em água e sal antes de usar.
2. Colocar a farinha e o sal em um recipiente. Fazer uma cova no centro e adicionar o ovo. Ir acrescentando o leite misturado com a água e puxando a farinha das extremidades. Mexer bem até incorporar toda a farinha de forma homogênea. Deixar descansar por, no mínimo, 30 minutos.
3. Dourar a cebola e o alho no azeite. Juntar a berinjela e mexer bem. Acrescentar o molho provençal e manter sobre o fogo até que a berinjela cozinhe. Adicionar os cogumelos e o orégano e deixar apurar.* Acertar o sal e a pimenta.

4. Untar a frigideira com manteiga. Encher 1 concha de massa e derramar até cobrir o fundo. Girar bem a frigideira para a massa ficar fina e por igual. Deixar dourar. Virar a massa, cobrir a metade com o parmesão e adicionar o recheio de berinjela e cogumelos. Aguardar. Dobrar a massa por cima do recheio e depois dobrar novamente, dando ao crepe o formato final de um leque.
5. Colocar o crepe no prato. Decorar com as fatias de cogumelos, dispondo-as em cima e em volta do crepe. Salpicar a salsa em todo prato e borrifar com azeite. Servir imediatamente.

5g de orégano (1 colher de sopa)
sal e pimenta-do-reino a gosto
manteiga para untar
50g de queijo parmesão ralado na hora
fatias de cogumelos e salsa picada para decorar

Utensílios necessários:
peneira, frigideira (de média a grande, com 25cm aproximadamente), concha, 4 pratos coloridos ou com as bordas pintadas

VINHO: Para a flexibilidade da berinjela/cogumelo, a não menos flexível uva shiraz australiana, capaz de variar no estilo do aveludado/terra ao condimentado/apimentado, muito semelhante aos vinhos do Rhône.

Nhoque de Berinjela com Molho de Tomate

GIUSEPPE | Rio de Janeiro

Para o molho de tomate:
50g de manteiga (2 colheres de sopa)
15ml de azeite (3 colheres de sopa)
70g de cebola picada (1/2 unidade média)
15g de alho socado (3 dentes)
70g de cenoura picada (1/2 unidade média)
5g de sal (1 colher de chá)
1,5kg de tomate maduro (10 unidades pequenas)
10g de salsa (2 colheres de sopa)
5g de manjericão picado (1 colher de sopa)

Para o nhoque:
1,8kg de berinjela (5 unidades grandes)
100g de batata cozida e espremida (1 unidade média)
200g de manteiga (7 colheres de sopa)
500g de farinha de trigo (4 xícaras)
40ml de azeite (8 colheres de sopa)
100g de queijo parmesão ralado (6 colheres de sopa)

Preparo do molho de tomate:

1. Refogar na manteiga e no azeite a cebola, o alho, a cenoura e o sal.
2. Adicionar o tomate e cozinhar por cerca de 20 minutos e temperar com a salsa e o manjericão.

Preparo do nhoque:

1. Cozinhar a berinjela. Deixar esfriar, escorrer toda a água e raspar as cascas. Passar a berinjela na peneira. Reservar.
2. Cozinhar a batata, espremer e reservar.
3. Levar a manteiga ao fogo em uma panela para derreter. Juntar 250g de farinha e deixar formar uma pasta. Adicionar o purê de berinjela e misturar. Quando estiver bem quente, adicionar o azeite, o parmesão, a batata, o manjericão, o sal e a pimenta. Mexer bem até soltar da panela. Deixar esfriar em uma pedra-mármore. Depois de frio, misturar, aos poucos, o restante da farinha até o ponto de fazer rolinhos para serem cortados em formato de nhoque.

4. Cozinhar rapidamente os rolinhos em água fervente e sal, colocando poucas porções a cada vez para que não grudem. Assim que começarem a boiar, retirar imediatamente com um escorredor e pôr em um recipiente.
5. Servir com o molho de tomate e parmesão ralado.

VINHO: Um tinto dos Corbières, em geral vigorosos, dará um forte abraço na berinjela e um poderoso adeus para a acidez do tomate.

10g de manjericão (2 colheres de sopa)
sal e pimenta-do-reino a gosto

Utensílios necessários:
escorredor, peneira, espremedor de batata, ralador

Berinjela com Risoto de Cotechino

LA SAGRADA FAMILIA | Rio de Janeiro

Para o caldo de galinha:
3 litros de água
600g de asa e pés de galinha
40g de alho-poró (1 talo)
20g de aipo (1/2 talo)
120g de cenoura (2 unidades pequenas)
10g de alho (2 dentes)
280g de cebola espetadas com 5 cravos cada uma (2 unidades médias)
5g de tomilho (1 colher de chá)
1 folha de louro
sal e pimenta-do-reino a gosto

Para o risoto:
500g de berinjela (2 unidades: 1 pequena e 1 média)
125ml de azeite (25 colheres de sopa)
sal a gosto
25g de alho (5 dentes)
350g de cotechino* (3 1/2 unidades)
100g de manteiga (3 colheres de sopa)
280g de cebola (2 unidades médias)
300g de arroz arborio (1 1/2 xícara)

Preparo do caldo de galinha:
Cozinhar todos os ingredientes por 2 horas e 30 minutos, retirando a espuma.

Preparo do risoto:

1. Cortar a berinjela ao meio no sentido do comprimento. Retirar o miolo com as sementes, com cuidado para não remover a polpa branca que fica junto à casca. Reservar o miolo.

2. Untar a assadeira com azeite, dispor a berinjela e regar com 5 colheres de azeite. Polvilhar o sal e o alho picado. Levar ao forno médio.

3. Esfarelar o cotechino.

4. Paralelamente, preparar o risoto. Numa panela grande, derreter a manteiga, acrescentar o restante do azeite e a cebola bem picada. Quando a cebola estiver quase dourada, adicionar o miolo da berinjela e o arroz arborio. Refogar bem. Em seguida, misturar com o vinho. Deixar levantar fervura para apurar* o gosto.

5. Acrescentar o cotechino, metade do queijo parmesão, 300ml do caldo de

galinha, e mexer continuamente, deixando sempre bem molhado. À medida que a mistura for secando, colocar mais caldo, mexendo sempre. Acompanhar o ponto de cozimento do arroz, para que fique al dente. Adicionar o caldo de galinha até o ponto de cozimento desejado. Próximo ao final, adicionar o restante do queijo.
6. Na hora de servir, arrumar o risoto sobre as bandas de berinjela. Cobrir com uma fina camada de parmesão e gratinar* rapidamente. Servir bem quente.

VINHO: Os melhores Barolos ou Barbarescos maduros manterão o ritmo afiadíssimo desta orquestra de finos sabores.

300ml de vinho branco seco
 (1 1/2 copo)
200g de queijo parmesão ralado
 (12 colheres de sopa)
1 litro de caldo de galinha

Utensílio necessário:
assadeira

Berinjela Recheada com Nhoque e Pecorino

LOCANDA DELLA MIMOSA | Petrópolis

Para o nhoque:
200g de farinha de rosca
(13 1/2 colheres de sopa)
100g de farinha de trigo
(6 1/2 colheres de sopa)
100ml de água (1/2 copo)
5g de sal (1 colher de chá)

Para a berinjela:
1,4kg de berinjela (4 unidades grandes)
20g de sal grosso (4 colheres de sopa)
50ml de azeite extravirgem (10 colheres de sopa)
35g de cebola picada (1/4 de unidade pequena)
1 galho de hortelã picado
6 folhas de manjericão picadas
240g de anchova (4 inteiras)
50ml de vinho branco seco (1 cálice)
500g de tomate pelati (1 lata)
100g de queijo pecorino ralado

Obs.: Em vez de preparar o nhoque, pode-se usar o gnocchetti sardi pronto.

Utensílio necessário:
escorredor

Preparo do nhoque:

1. Misturar todos os ingredientes e amassar bem até dar o ponto de nhoque.
2. Fazer pequenos discos de 1cm de diâmetro e 2mm de altura cada um. Com o polegar, pressionar uma beirada e dobrar o restante do disco, formando um pequeno nhoque oval, não totalmente fechado.
3. Numa panela com água fervente e salgada, cozinhar os nhoques al dente. Retirar assim que subirem à superfície da água. Escorrer e reservar.

Preparo da berinjela:

1. Cortar o tampo de cada berinjela e fazer uma incisão em sua base para que fique de pé. Reservar os tampos. Fazer algumas incisões com a faca na polpa e adicionar sal grosso. Deixar escorrer o líquido amargo durante 20 minutos.
2. Levar a berinjela ao forno a 160°C para assar durante 20 minutos.

3. Retirar do forno e remover a polpa com 1 colher, deixando uma espessura nas paredes para que a berinjela possa ficar de pé e receber posteriormente o recheio.
4. Refogar no azeite a polpa da berinjela com a cebola, a hortelã e o manjericão. Acrescentar a anchova e o vinho e deixar evaporar. Incorporar o tomate e reduzir* durante 15 minutos.

MONTAGEM:
1. Adicionar os nhoques ao molho, saltear* e juntar o pecorino.
2. Rechear a berinjela com os nhoques, decorando com os tampos.

VINHO: Para manter o equilíbrio gustativo, um Barbera d'Alba superior, tânico, saboroso e fragrante.

Espaguete à Bolonhesa de Cordeiro com Berinjela

EMPORIUM PAX | Rio de Janeiro

1kg de berinjela (3 unidades grandes)
40ml de azeite extravirgem (8 colheres de sopa)
400g de cordeiro limpo
10g de alho (2 dentes)
7g de orégano (1 colher de sobremesa)
sal e pimenta-do-reino a gosto
1kg de tomate (6 unidades médias)
70g de cebola (1/2 unidade média)
5g de hortelã (1 colher de sopa)
250g de espaguete nº 8 cozido (1/2 pacote)
hortelã picada para decorar

Utensílios necessários: escorredor, frigideira

PREPARO:

1. Cortar a berinjela em pequenos cubos e deixar de molho em água e sal por 30 minutos no mínimo. Em seguida, escorrer a água.
2. Fritar a berinjela na frigideira com 4 colheres de azeite. Reservar.
3. Picar bem o cordeiro e temperar com alho, orégano, sal e pimenta.
4. Retirar a pele e as sementes dos tomates e picar.
5. Refogar a cebola com 4 colheres de azeite. Acrescentar o cordeiro, mexendo sempre. Adicionar os tomates e deixar ferver por 3 minutos. Juntar a hortelã e retirar do fogo. Reservar.
6. Colocar o espaguete num prato, cobrir com o molho de cordeiro e espalhar os cubos de berinjela. Decorar com a hortelã picada.

VINHO: Um rico e aromático Merlot chileno confirmará o sabor do cordeiro e o aroma da hortelã, além de eliminar a acidez dos tomates.

Penne com Berinjela e Mozarela

MARGUTTA | Rio de Janeiro

PREPARO:

1. Cozinhar o penne em água fervente com um pouco de sal até ficar al dente.
2. Enquanto o penne cozinha, refogar a cebola no azeite em uma frigideira. Assim que dourar, adicionar o molho de tomate, o manjericão e a berinjela cortada em cubos.
3. Escorrer o penne, cobrir com o molho e acrescentar a mozarela.

VINHO: Sauvignon Blanc, de preferência da Nova Zelândia, para recordar como são deliciosas as coisas simples da vida.

200g de penne
sal a gosto
140g de cebola picada
(1 unidade média)
40ml de azeite (8 colheres de sopa)
330g de molho de tomate pelati
(1 1/2 copo)
20g de manjericão (4 colheres de sopa)
400g de berinjela (2 unidades pequenas)
225g de mozarela de búfala picada (6 unidades)

Utensílios necessários:
frigideira, escorredor

Risotos e Risoto de Berinjela

OFICINA DO SABOR | Olinda

Para o caldo de galinha:
3 litros de água
600g de asa e pés de galinha
40g de alho-poró (1 talo)
20g de aipo (1/2 talo)
120g de cenoura (2 unidades
   pequenas)
10g de alho (2 dentes)
280g de cebola espetadas com
   5 cravos cada uma
   (2 unidades médias)
5g de tomilho (1 colher de chá)
1 folha de louro
sal e pimenta-do-reino a gosto

Para o risoto:
440g de berinjela (2 unidades
   pequenas)
500ml de óleo de soja
   (2 1/2 copos)
140g de cebola picada
   (1 unidade média)
60g de manteiga (2 colheres
   de sopa)
400g de arroz arborio
   (2 xícaras pouco cheias)
100ml de vinho branco seco
   (1/2 copo)
1 litro de caldo de galinha

Preparo do caldo de galinha:
Cozinhar todos os ingredientes por 2 horas e 30 minutos, retirando a espuma. Coar e reservar o líquido.

Preparo do risoto:

1. Cortar a berinjela em cubos médios, deixando alguns minutos na água e sal para retirar o sabor amargo. Escorrer e enxugar com o pano de prato. Fritar no óleo bem quente. Reservar.

2. Numa panela, fritar a cebola com metade da manteiga. Juntar o arroz e refogar por alguns minutos. Acrescentar o vinho e deixar evaporar. Adicionar o caldo de galinha aos poucos, mexendo constantemente por 10 minutos. O arroz deve ficar semicozido. Reservar.

3. Em outra panela, acrescentar o azeite junto com o alho. Em seguida, juntar a berinjela. Temperar com alecrim e reservar.

4. Adicionar a berinjela ao arroz e levar ao fogo, acrescentando o restante do caldo aos poucos até o arroz ficar al dente.
5. No último instante, acrescentar a maçã cortada em cubos pequenos. Juntar o queijo. Temperar com sal e pimenta. Adicionar a manteiga restante. Misturar bem.
6. Cortar a berinjela em rodelas finas, fritar no azeite e com elas forrar o fundo de uma travessa. Arrumar o risoto por cima e decorar com as ervas. Servir bem quente.

VINHO: A suavidade para o queijo de cabra e a sedução para a berinjela virão de um tinto suave e sedutor como o Dolcetto, lá do Piemonte.

15ml de azeite (3 colheres de sopa)
15g de alho espremido (3 dentes)
10g de alecrim (2 colheres de chá)
300g de maçã verde (2 unidades)
60g de queijo tomme de cabra curado e ralado (4 colheres de sopa)
sal e pimenta-do-reino moída na hora
350g de berinjela (1 unidade grande)
ramos de ervas frescas para decorar

Utensílios necessários:
coador, escorredor, pano de prato, ralador, grelha

Risoto Nascosto

QUADRIFOGLIO | Rio de Janeiro

Para o caldo de galinha:
200g de carcaça de galinha
140g de cebola (1 unidade média)
130g de cenoura (1 unidade
    média)
1 folha de louro
10g de alho (2 dentes)
1/2 litro de água

Para o risoto:
azeite para untar
700g de berinjela firme
    (2 unidades grandes)
15g de alho (3 dentes)
10ml de azeite (2 colheres
    de sopa)
180g de tomate sem pele e
    sem semente cortado
    em cubos de 1cm x 1cm
    (1 unidade média)
sal e pimenta-do-reino a gosto
1 colher de café de curry suave
10g de manjericão fresco picado
    (2 colheres de sopa)
10g de orégano fresco picado
    (2 colheres de sopa)
50g de manteiga (2 colheres
    de sopa rasas)
50g de cebola ralada
    (1/2 unidade pequena)

Preparo do caldo de galinha:

Cozinhar todos os ingredientes por 30 minutos em fogo alto, coar e reservar.

Preparo do risoto:

1. Untar o tabuleiro com azeite.
2. Cortar a berinjela ao meio e levar para assar ao forno médio no tabuleiro. Quando estiver macia, retirar do forno e deixar esfriar. Remover a polpa, tomando cuidado para que a casca permaneça inteira.
3. Levar ao fogo 2 dentes de alho inteiros e o azeite. Esperar esquentar e adicionar o tomate e depois a polpa da berinjela. Deixar tomar gosto em fogo brando, temperando com sal e pimenta. Adicionar o curry, o manjericão e o orégano. Misturar bem e retirar do fogo. Tirar os dentes de alho do refogado e passar no triturador até obter um purê. Reservar.
4. Picar o dente de alho restante e dourar na manteiga junto com a cebola. Juntar o arroz. Deixar aquecer bem e adicionar o vinho; quando este evaporar, começar

a regar com o caldo de galinha aos poucos, mexendo sempre até o término do cozimento do arroz. Ao final, misturar o purê de berinjela e o provolone.

5. Rechear as cascas de berinjela com o arroz, distribuir os pinoli e cobrir com a farinha. Levar ao forno para dourar. Servir imediatamente.

VINHO: Este prato pede o siciliano Cerasuolo di Vittoria, um tinto leve, frutado, de delicado perfume, gentil, redondo e harmônico. Exatamente como os momentos alegres.

300g de arroz arborio (sem lavar) (2 xícaras)
50ml de vinho branco seco de boa qualidade (1 cálice)
1 litro de caldo de galinha
100g de provolone cortado em cubos de 0,5cm (2/3 de xícara)
40g de pinoli (4 colheres de sopa)
60g de farinha de rosca (4 colheres de sopa)

Utensílios necessários: coador, tabuleiro, triturador

Tortelli de Berinjela com Tomate, Azeitonas e Alcaparras

SPLENDIDO RISTORANTE | Belo Horizonte

Para a massa:
4 ovos
5ml de azeite (1 colher de sopa)
400g de farinha de trigo
(3 xícaras cheias)
5g de sal (1 colher de chá)

Para o recheio:
560g de berinjela (2 unidades
médias)
15ml de azeite extravirgem
(3 colheres de sopa)
100g de cebola picada fino
(1 unidade pequena)
100g de polpa de tomate
(5 colheres de sopa)
sal e pimenta-do-reino a gosto
5g de basilicão picado fino
(1 colher de sopa)

Para o molho:
600g de tomate sem pele e
semente (2 unidades
grandes e 1 unidade média)
5g de alho (1 dente)
40g de azeitona preta
sem caroço

Preparo da massa:

1. Misturar os ovos com o azeite.
2. Na batedeira (não deve ser o mixer comum) juntar a farinha e o sal. Acrescentar os ovos misturados ao azeite e bater até ficar com aparência granulada. Em seguida, passar a amassar na mão até obter uma aparência lisa. Deixar descansar por 1 hora sob uma vasilha emborcada.
3. Polvilhar uma superfície com um pouco de farinha de trigo e abrir a massa com o rolo sobre ela. Quando a massa estiver com uma espessura de 2mm, cortar em quadrados de 6cm e colocar uma bola de recheio no meio. Dobrar e fechar bem.
4. Cozinhar o tortelli em água abundante e salgada. Coar após alguns minutos. Servir com o molho à temperatura ambiente.

Preparo do recheio:

1. Aquecer o forno por 15 minutos.
2. Cortar cada berinjela pela metade no sentido do comprimento e colocar para assar.
3. Retirar a polpa com 1 colher e picar bem fino.
4. Em uma frigideira com azeite, dourar a cebola, agregar a berinjela, a polpa de tomate, o sal e a pimenta. Cozinhar em fogo médio até encorpar.*
5. Retirar do fogo e adicionar o basilicão.

Preparo do molho:

1. Cortar o tomate em pequenos cubos e passar no coador.
2. Esfregar o alho nas paredes da bacia e juntar o tomate, a azeitona, a alcaparra, o azeite, o sal, a pimenta e as ervas.

VINHO: Muitos tintos leves harmonizam-se com esta receita, mas a preferência é por um Grenache do sul da Austrália.

20g de alcaparra (2 colheres de sopa)
80ml de azeite (16 colheres de sopa)
sal e pimenta-do-reino a gosto
1 maço de ervas picadas (salsa, basilicão e manjerona)

Utensílios necessários:
batedeira, rolo para abrir massa, coador, bacia

Peixes & Crustáceos

Leques de Vermelho com Berinjela e Molho Kalmi

CHEZ GEORGES | Olinda

Preparo do garam masala:*
1. Assar levemente os ingredientes, sem o gengibre, no forno baixo por aproximadamente 10 minutos. Deixar esfriar. Adicionar o gengibre.
2. Passar tudo no moedor. Nesta receita, serão utilizados apenas 5g do garam masala. O excedente deve ser guardado num recipiente fechado e pode ser utilizado para temperar outros pratos.

Preparo do molho kalmi:
Bater no liqüidificador o tomate, o creme de leite e 5g de garam masala. Temperar com o sal e a pimenta. Levar ao fogo e deixar cozinhar até levantar fervura.

Preparo do caldo de peixe:
Juntar todos os ingredientes em uma panela e deixar cozinhar até ferver bem e reduzir* à metade. Coar e reservar 100ml.

Para o garam masala* (200g):
60g de semente de coentro (16 colheres de sopa)
60g de cominho (8 colheres de sopa)
25g de pimenta-do-reino (5 colheres de sopa)
15g de cravo-da-índia (2 colheres de sopa)
15g de cardamomo (2 colheres de sopa)
7g de noz-moscada (1 colher de café)
7g de gengibre ralado (1 colher de sopa rasa)

Para o molho kalmi:
360g de tomate (4 unidades médias)
100g de creme de leite (1/2 caixa)
5g de garam masala (1 colher de sopa)
sal e pimenta-do-reino a gosto

Para o caldo de peixe:
600ml de água (3 copos)
1 cabeça de peixe
1 rabo de peixe
70g de cebola (1/2 unidade média)

90g de tomate (1/2 unidade
média)
80g de cenoura (1/2 unidade
grande)
1 talo de salsão
sal a gosto

Para o vermelho:
480g de vermelho (4 unidades)
ou 170g de filé de
vermelho (2 unidades)
sal e pimenta-do-reino a gosto
100ml de caldo de peixe
(1/2 copo)
880g de berinjela (4 unidades
pequenas)
azeite para grelhar
140g de pimentão vermelho
picado fino, para decorar
(1 unidade média)
140g de pimentão amarelo
picado fino, para decorar
(1 unidade média)
folhas de hortelã frescas

Utensílios necessários:
moedor, liqüidificador, coador

Preparo do vermelho:

1. Cortar o vermelho em filés e dispor em uma panela untada. Temperar com sal e pimenta. Adicionar o caldo de peixe. Tampar a panela e levar ao fogo até levantar fervura. Retirar do fogo sem destampar. Reservar.

2. Cortar a berinjela em lâminas finas no sentido do comprimento. Colocar numa panela com água fervente por 1 minuto. Retirar cuidadosamente e, em seguida, grelhar no azeite. Reservar.

3. Num prato, intercalar uma fatia de berinjela com um filé de vermelho. Alternar 3 vezes. Arrumar em forma de leque. Acrescentar o molho kalmi na parte lateral do prato. Decorar com os pimentões e a hortelã.

VINHO: O branco arrojado Châteauneuf-du-Pape envolverá os condimentos e ampliará o sabor do vermelho.

Berinjela Recheada

PARADOR VALENCIA | Itaipava

PREPARO:

1. Ligar o forno e deixar aquecer lentamente.
2. Com uma faca bem afiada, cortar a berinjela ao meio, no sentido longitudinal, retirando o miolo e dando o formato de uma canoa, com cuidado para deixar a casca ainda com polpa.
3. Picar em pedaços pequenos o miolo da berinjela, a cebola e o alho. Fritar cada ingrediente separadamente em 2 colheres de sopa de azeite com 1 pitada de sal. O alho deve ficar crocante. Em seguida, escorrer na peneira e reservar.
4. Picar metade do alice e cortar a outra metade em fatias. Reservar.
5. Picar as amêndoas e as azeitonas bem fino. Reservar.
6. Fritar os dois pimentões em 2 colheres de azeite com sal a gosto. Picar um deles em pedaços pequenos e desfiar o outro em tiras. Em seguida, escorrer na peneira. Reservar.
7. Desfiar o bacalhau.

700g de berinjela (2 unidades grandes)
200g de cebola (2 unidades pequenas)
25g de alho (5 dentes)
40ml de azeite extravirgem (8 colheres de sopa)
1 pitada de sal
50g de alice salgado em azeite (4 unidades)
50g de amêndoa (1/2 xícara)
50g de azeitona verde (10 unidades)
280g de pimentão vermelho (2 unidades médias)
150g de bacalhau cru, sem dessalgar*
80g de páprica doce (4 colheres de chá)
40g de pimenta-do-reino moída (1 colher de chá)
50g de alcaparra (5 colheres de sopa)
10g de orégano (2 colheres de sopa)
alecrim verde desfolhado para decorar

Utensílios necessários:
peneira fina, travessa de cerâmica

8. Numa vasilha, misturar, com cuidado para não esmagar, a berinjela, a cebola, o alho, o alice e o pimentão picados, as amêndoas, as azeitonas, o bacalhau, a páprica, a pimenta e a alcaparra. Manter reservados o pimentão em tiras, o alice em filetes, o orégano e o alecrim.

9. Ligar o forno e deixar aquecer.

10. Colocar a berinjela cortada em formato de canoa na travessa. Temperar com o restante do azeite, pulverizar com orégano e sal. Levar ao forno quente por cerca de 10 minutos. Retirar e rechear cada metade de berinjela com a mistura dos ingredientes.

11. Decorar alternando os filetes de alice com as tiras de pimentão no sentido diagonal até cobrir toda a superfície. Finalizar sobrepondo o alecrim.

VINHO: Feche os olhos, abra a boca e deixe entrar o Aglianico del Vulture. Uma jóia da Basilicata, escolha o Vecchio (três anos).

Ragu de Lagostins em Mil-Folhas de Berinjela

CASA DA SUÍÇA | Rio de Janeiro

Preparo do caldo de peixe:

Juntar todos os ingredientes em uma panela e deixar cozinhar até ferver bem e reduzir* à metade. Coar e reservar 300ml.

Preparo do molho bechamel:*

Refogar a cebola com um pouco da manteiga até ficar bem transparente. Acrescentar o restante da manteiga e a farinha e mexer por 2 minutos. Retirar a panela do fogo, adicionar o caldo de peixe coado aos poucos, mexendo sem parar até encorpar* bem. Levar de volta ao fogo baixo até ferver, sem parar de mexer. Temperar com sal, noz-moscada e pimenta. Deixar cozinhar até obter a consistência desejada.

Preparo do ragu:

1. Cortar a berinjela em 16 rodelas bem finas e de mesmo diâmetro. Em seguida, colocá-las sobre papel-manteiga untado com azeite. Temperar com sal e pimenta e cobrir com outra folha de papel untado. Levar para assar em forno

Para o caldo de peixe (300ml):
600ml de água (3 copos)
1 cabeça de peixe
1 rabo de peixe
70g de cebola (1/2 unidade média)
90g de tomate (1/2 unidade média)
80g de cenoura (1/2 unidade grande)
1 talo de salsão
sal a gosto

Para o molho bechamel:*
15g de cebola ralada (1 colher de sopa)
50g de manteiga (2 colheres de sopa)
50g de farinha de trigo (3 colheres de sopa cheias)
300ml de caldo de peixe (1 1/2 copo)
1 pitada de sal
1 pitada de noz-moscada
1 pitada de pimenta-do-reino

Para o ragu:
16 rodelas de berinjela cortadas (2 ou 3 unidades médias sem as pontas)
azeite para untar

sal, pimenta-do-reino e
noz-moscada a gosto
15g de manteiga (2 colheres de
sobremesa cheias)
50g de cebola picada fino
(1/2 unidade pequena)
1 maçã média
400g de lagostim (8 unidades)
50ml de conhaque (1 cálice)
100ml de vinho branco
(1/2 copo)
100ml de molho bechamel
feito com caldo de peixe
(1/2 copo)
70g de tomate concassé*
(1/2 unidade média)
1 ramo de aneto

Utensílios necessários:
papel-manteiga, 2 tabuleiros,
frigideira, coador

não muito quente, em dois tabuleiros, até ficarem bem secas.

2. Na frigideira, dourar na manteiga a cebola e, em seguida, a maçã. Juntar os lagostins cortados em cubinhos e deixar dourar bem. Flambar* com conhaque, retirar e reservar.

3. Na mesma frigideira, colocar o vinho e deixar reduzir* até a metade. Juntar o bechamel e deixar ferver até a consistência desejada. Acrescentar os lagostins, o tomate concassé* e o aneto; deixar ferver por um instante.

4. Para servir, intercalar, no centro do prato, rodelas de berinjela com porções de ragu, fechando com uma rodela de berinjela.

VINHO: A glória será se você encontrar um branco do norte da Espanha de uva macabeo. Um espumante espanhol Cava, mais fácil de achar no Brasil, é também uma excelente opção.

Bacalhau à Berinbrás

LA SAGRADA FAMILIA | Niterói

PREPARO:

1. Dessalgar* o bacalhau deixando-o de molho em água na geladeira por 48 horas, trocando a água 2 vezes ao dia. Ao final, ferver o bacalhau por 15 minutos, escorrer e deixar esfriar. Em seguida, retirar a pele e as espinhas e desfiar.

2. Cortar a berinjela em fatias de 1cm de espessura e, em seguida, em palitos também de 1cm. Fritar em 150ml de azeite, escorrer bem e reservar.

3. Lavar a cebolinha, escorrer e picar em anéis finos. Reservar.

4. Na frigideira, aquecer o restante do azeite, acrescentar o alho em fatias e deixar dourar. Adicionar a cebola cortada em anéis e refogar por 1 minuto. Em seguida, juntar o bacalhau misturando bem para que fique embebido na mistura de azeite, alho e cebola. Se necessário, acrescentar mais azeite. Juntar as azeitonas, a cebolinha picada e a pimenta; misturar.

5. Numa vasilha à parte, quebrar os ovos e misturá-los bem. Derramá-los na frigideira,

500g de bacalhau português limpo (2 postas grandes)
560g de berinjela (2 unidades médias)
200ml de azeite (1 copo)
1 maço de cebolinha
50g de alho (10 dentes)
360g de cebola (2 unidades grandes)
100g de azeitona preta sem caroço (10 unidades)
6 ovos
sal e pimenta-do-reino moída na hora a gosto

Utensílios necessários:
escorredor, frigideira grande

sempre mexendo, para envolver todos os ingredientes até o ponto em que a mistura fique ainda levemente úmida. Terminar misturando rapidamente os palitos de berinjela fritos. Servir em seguida acompanhado de arroz branco e azeite.

VINHO: O português branco seco e fino, do emergente Alentejo, é o que este prato exige.

Filés de Saint-Pierre à Moda da Provença

MARCEL (JARDINS) | São Paulo

PREPARO:

1. Retirar um pouco da polpa da berinjela, picar em pequenos cubos e colocar numa panela. Juntar o tomate, a cebola, o alho, as ervas e o azeite. Cobrir e deixar descansar em temperatura ambiente por 1 hora.

2. Aquecer o forno a 200°C. Forrar uma forma com papel-alumínio, colocar os filés temperados com sal e pimenta e pincelar com azeite. Levar ao forno até que os filés estejam levemente dourados.

3. Levar o molho ao fogo brando por cerca de 10 minutos e temperar com sal e pimenta.

4. Cobrir os filés com o molho. Servir acompanhado de salada verde.

300g de berinjela (1 unidade média)
280g de tomate concassé* (2 unidades pequenas)
140g de cebola roxa picada fino (2 unidades pequenas)
5g de alho picado fino (1 dente)
15g de ervas frescas (salsa, manjericão, ciboulette e cerefólio) – (3 colheres de sopa)
125ml de azeite extravirgem (25 colheres de sopa)
880g de filés de saint-pierre (8 unidades)
sal e pimenta-do-reino moída na hora a gosto

Utensílios necessários:
forma para assar, papel-alumínio

VINHO: Este prato merece o branco magnífico da Borgonha. A preferência é pelo Chassagne-Montrachet.

Berinjela à Piracuí

LÁ EM CASA | Belém

880g de berinjela (4 unidades
pequenas)
100g de piracuí* (10 colheres de
sopa)
15g de alho (3 dentes)
100g de cebola (1 unidade
pequena)
tempero verde (1/2 alfavaca,
1/2 chicória, 1/2 cheiro-verde)
30ml de azeite (6 colheres
de sopa)
1 unidade de pimenta-de-cheiro
sal a gosto
4 ovos
30g de farinha de trigo
(2 colheres de sopa)
4g de fermento em pó (1 colher
de café)
3 unidades de pão árabe cortado
salsa picada para decorar

Utensílios necessários:
escorredor, frigideira, batedeira,
tabuleiro, prato redondo
de 25cm

PREPARO:

1. Cozinhar a berinjela cortada ao meio
   por 4 minutos em água fervente. Em
   seguida, escorrer e retirar as sementes.
   Reservar.

2. Retirar as impurezas do piracuí** (pequenas espinhas e escamas de peixe).
   Lavar em água corrente. Escorrer e
   espremer para retirar todo o excesso
   de água.

3. Picar o alho, a cebola e o tempero verde em pedaços bem pequenos.

4. Colocar 3 colheres de azeite na frigideira e deixar aquecer bastante. Dourar
   o alho e a cebola, refogar com o tempero verde e a pimenta. Acrescentar o
   piracuí e o sal. Reservar.

5. Bater os ovos na batedeira até ficarem
   em ponto de neve. Acrescentar a farinha e o fermento.

6. Em um recipiente, misturar o refogado
   com os ovos batidos. Rechear a berinjela.

7. Untar o tabuleiro com o restante do
   azeite, colocar a berinjela e levar ao

forno médio (220°C), por aproximadamente 10 minutos.
8. No prato, dispor a berinjela em forma de "V", preenchendo os espaços com pão árabe. Decorar com a salsa.

VINHO: Um tinto luminoso e jovem como o Chianti.

Tainha Recheada com Berinjela Refogada

LA VIA VECCHIA | Brasília

Para a tainha:
440g de berinjela (2 unidades
 pequenas)
100g de abobrinha (1/2 unidade
 média)
50ml de vinho branco (1 cálice)
60g de damasco fatiado
 (7 unidades)
60g de figo turco seco fatiado
 (5 unidades)
100ml de azeite (1/2 copo)
100g de cebola picada
 (1 unidade pequena)
10g de alecrim picado
 (2 colheres de sopa)
10g de sálvia picada (20 folhas)
sal e pimenta-do-reino moída
 na hora a gosto
3kg de tainha (1 unidade)

Para o purê de inhame:
700g de inhame (3 1/2 unidades
 médias)
100g de gengibre (1/2 xícara)
1 1/2 litro de água
sal a gosto
80g de manteiga (3 colheres
 de sopa rasas)
50g de creme de leite
 (1/4 de caixa)

Preparo da tainha:

1. Cortar a berinjela e a abobrinha em cubos pequenos e reservar.

2. Ferver o vinho e adicionar os damascos e os figos. Refogar até que o vinho seque. Reservar.

3. Aquecer o azeite na panela de fundo grosso, adicionar a cebola e deixar murchar. Acrescentar os cubos de berinjela e refogar por 2 minutos. Juntar os cubos de abobrinha e refogar por 1 minuto. Agregar os damascos e os figos, o alecrim e a sálvia. Corrigir o sal e temperar com a pimenta. Deixar descansar por 10 minutos.

4. Desossar* a tainha pelas costas e rechear com o refogado de abobrinha e berinjela. Em seguida, costurar a abertura com o agulhão.

5. Untar a assadeira com azeite, colocar a tainha com as costas para cima, cobrir com papel-alumínio sem deixar que encoste na pele do peixe. Assar em forno preaquecido a 180°C por aproximada-

mente 25 minutos. Retirar o papel e deixar por mais 10 minutos.

6. Colocar o peixe na travessa e dispor o purê em volta.

Preparo do purê de inhame:

Descascar o inhame e o gengibre e cortar em cubos pequenos. Levar para cozinhar na água e sal até ficarem macios. Colocar na peneira e deixar escorrer por 15 minutos. Bater o inhame no processador até obter uma massa homogênea. Levar ao fogo numa panela já com a manteiga derretida e juntar o gengibre. Mexer bem até dar liga. Adicionar o creme de leite misturando sempre. Retirar do fogo, corrigir o sal e temperar com a pimenta. Reservar.

VINHO: Um Riesling australiano, mais precisamente de Coonawarra, branco seco e rico, fará um excelente contraste com as frutas secas e sustentará com garbo a tainha.

pimenta-do-reino moída na hora a gosto

Utensílios necessários:
panela de fundo grosso, agulhão, linha nº 10, assadeira, papel-alumínio, escorredor, peneira, processador de alimentos, travessa oval

Berinjela à Moda Moana

MOANA | Fortaleza

Para o caldo de peixe:
500g de cabeça (sem guelras)
    ou espinha de peixe
30g de manteiga (1 colher de sopa)
180g de cebola (1 unidade grande)
100g de champignon (10
    unidades)
20g de aipo (1/2 talo)
20g de alho-poró (1/2 talo)
5g de alho (1 dente)
4 talos de salsa
2 talos de coentro
temperos a gosto (tomilho, louro,
    pimenta-branca)
sal a gosto
50ml de vinho branco (1 cálice)
1 1/2 litro de água

Para o molho holandês:
4 gemas
15ml de água (3 colheres de sopa)
200g de manteiga sem sal derretida
    (6 1/2 colheres de sopa)
40ml de suco de limão
    (8 colheres de sopa)
sal e pimenta-do-reino a gosto

Para o molho americano:
140g de cebola picada
    (1 unidade média)
200g de cabeça de camarão
    (aproximadamente
    40 unidades médias)

Preparo do caldo de peixe:

Limpar a cabeça ou as espinhas de peixe. Refogar na manteiga todos os vegetais. Juntar a cabeça ou as espinhas e os temperos. Deglaçar* com o vinho e adicionar a água. Ferver por 20 minutos, coar e deixar esfriar.

Preparo do molho holandês:

Juntar as gemas e a água em uma tigela em banho-maria* e bater até formar espuma. Adicionar a manteiga, o suco de limão, temperando com sal e pimenta até que fique cremoso. Reservar aquecido.

Preparo do molho americano:

Juntar a cebola, as cabeças de camarão, as caudas de lagostas, o azeite e a cenoura e refogar por 2 minutos. Acrescentar o conhaque, flambar* e incrementar com o extrato de tomate e o caldo de peixe em fogo baixo por 20 minutos. Temperar com sal e pimenta. Com o batedor, misturar a manteiga e deixar em banho-maria.

Preparo da berinjela:

1. Cortar cada berinjela ao meio no sentido do comprimento e cozinhar.
2. Refogar a cebola na manteiga.
3. Picar as amêndoas e colocar na água para retirar a pele. Pôr no tabuleiro e levar ao forno para torrar.
4. Cozinhar o cogumelo em água e sal.
5. Levar a cebola refogada ao fogo. Juntar o azeite, o siri e o cogumelo. Acrescentar o shoyu e o creme de leite, cozinhando por 1 minuto. Temperar com sal e pimenta, adicionar a farinha, mexer e retirar do fogo.
6. Rechear a berinjela e arrumar na travessa. Cobrir cada berinjela com 1 colher de sopa do molho holandês e levar ao forno muito quente por 15 minutos. Colocar sobre o prato 2 colheres de sopa do molho americano, dispor a berinjela e decorar com a salsa. Servir bem quente.

VINHO: Escolha um Chardonnay que tenha passado em Madeira chileno. Ele confirmará as particularidades de sabores de cada crustáceo e equilibrará a acidez do tomate e do limão.

200g de cauda de lagosta
  (4 unidades sem a carne)
20ml de azeite (4 colheres
  de sopa)
130g de cenoura fatiada
  (1 unidade média)
50ml de conhaque (1 cálice)
20g de extrato de tomate
  (1 colher de sopa)
1 litro de caldo de peixe
sal e pimenta-do-reino a gosto
15g de manteiga (1 colher de chá)

Para a berinjela:
880g de berinjela (4 unidades
  pequenas)
100g de cebola (1 unidade
  pequena)
30g de manteiga (1 colher de sopa)
20g de amêndoa (4 colheres
  de chá)
60g de cogumelo fresco cozido e
  picado (4 colheres de sopa)
20ml de azeite (4 colheres de sopa)
240g de carne de siri catado
  (8 colheres de sopa)
20ml de shoyu (4 colheres de
  sopa)
240g de creme de leite fresco
  (12 colheres de sopa)
sal e pimenta-do-reino a gosto
60g de farinha de rosca
  (4 colheres de sopa)
salsa picada para decorar

Utensílios necessários:
coador, tabuleiro, batedor,
frigideira antiaderente, travessa,
prato de 25cm

Forma de Berinjela com Peixe Mediterrâneo

ORIUNDI | Vitória

400g de berinjela sem casca
  (2 unidades médias)
200g de abobrinha com casca
  (1 unidade pequena)
50g de cebola picada
  (1/2 unidade pequena)
5g de alho picado (1 dente)
40g de aipo picado (1 talo)
150ml de azeite (3/4 de copo)
150g de creme de leite fresco
  (7 colheres de sopa)
2 ovos
30g de parmesão ralado
  (2 colheres de sopa)
10 folhas de manjericão picado
  (1 colher de sobremesa)
1 ramo de tomilho fresco
sal e pimenta-do-reino a gosto
800g de filé de badejo (4 filés)
410g de camarão vg ou
  8 unidades (235g sem
  cabeça e sem casca)
sal, pimenta-do-reino e limão
  a gosto
20g de alho inteiro e descascado
  (4 dentes)
400g de tomate concassé*
  (3 unidades pequenas)
cubos da abobrinha com casca
30g de alcaparra (3 colheres
  de sopa)

PREPARO:

1. Fatiar a berinjela. Num escorredor de massa, salpicar sal e deixar repousar por 1 hora. Lavar rapidamente e enxugar bem.

2. Cortar a abobrinha em cubos médios. Separar os cubos com casca dos cubos que são do miolo. Reservar os cubos com casca.

3. Aferventar os cubos do miolo em água salgada por 30 segundos e mergulhar em água gelada. Escorrer.

4. Refogar a cebola, o alho e o aipo no azeite. Juntar a berinjela e os cubos do miolo da abobrinha e refogar bem. Deixar esfriar.

5. Passar no liqüidificador a berinjela e os cubos de abobrinha refogados. Acrescentar o creme de leite, os ovos, o parmesão, o manjericão e o tomilho. Temperar com sal e pimenta.

6. Untar as forminhas com azeite e distribuir a mistura batida no liqüidificador. Levar para assar em forno médio (180°C) em banho-maria,* coberto com

papel-alumínio por 45 minutos. Remover o papel-alumínio 5 minutos antes de retirar do forno. Para verificar se a massa está cozida, espetar um palito; se sair limpo, está pronto.

7. Temperar o peixe e os camarões com sal, pimenta e limão.

8. Untar uma travessa refratária com azeite, colocar o peixe, os camarões e os dentes de alho. Cobrir o peixe com os cubos de tomate, os cubos de abobrinha com casca, a alcaparra e o manjericão. Regar com o vinho e o azeite e cobrir com papel-alumínio.

9. Levar para assar em forno preaquecido (250°C) por 12 a 15 minutos, dependendo da espessura do peixe. Desenformar num prato de serviço quando a torta estiver morna. Ao lado, dispor o filé de peixe contornado por dois camarões e dois dentes de alho. Cobrir o peixe com o molho formado na travessa. Salpicar salsa e regar com um fio azeite extravirgem.

VINHO: O badejo e o camarão pedem um Chardonnay da Nova Zelândia, vinhos que em sua maioria são passados em Madeira, e esta madeira colocará para escanteio a acidez dos tomates.

15g de manjericão fresco
(3 colheres de sopa)
200ml de vinho branco seco
(1 copo)
5g de salsa picada (1 colher
de sopa)

Utensílios necessários:
escorredor de massa,
liqüidificador, 4 forminhas,
papel-alumínio, travessa
refratária

Berinjela l Aromas e Sabores da Boa Lembrança

Lasanha de Berinjela com Camarões e Açafrão

RUELLA | São Paulo

Para o caldo de peixe:
300g de camarão VM fresco
  com cabeça (6 unidades)
600g de tomate (3 unidades
  médias)
1 1/2 litro de água
1 cabeça de peixe
70g de cebola (1/2 unidade
  média)
2 cravos-da-índia
2 folhas de louro
130g de cenoura (1 unidade
  média)
folhas do alho-poró

Para o molho:
70g de cebola (1/2 unidade
  média)
10ml de azeite (2 colheres
  de sopa)
5g de alho (1 dente)
polpa de tomate (reservada
  no caldo de peixe)
6g de fios de açafrão (1 colher
  de café)
sal e pimenta-do-reino branca
  a gosto
1 pitada de açúcar
30g de manteiga (1 colher
  de sopa)

Preparo do caldo de peixe:

1. Descascar os camarões e reservar as cascas e as cabeças.

2. Retirar a pele e as sementes do tomate e reservar a polpa para o molho.

3. Juntar a água, as cascas e as cabeças dos camarões, a cabeça do peixe, a cebola espetada com os cravos, o louro, a cenoura, o alho-poró, a pele e as sementes do tomate. Deixar cozinhar em fogo baixo por cerca de 1 hora. Esperar esfriar um pouco, bater no liqüidificador e peneirar. Reservar.

Preparo do molho:

Picar bem a cebola e o alho. Fritar a cebola no azeite, juntar o alho e a polpa do tomate. Deixar cozinhar, retirar e peneirar. Temperar com açafrão, sal, pimenta e açúcar. Levar ao fogo por mais 30 minutos. Ao final, adicionar a manteiga e o creme de leite. Reservar.

Preparo da massa:

1. Ferver a água com o óleo e o sal. Adicionar as folhas de lasanha aos poucos e retirar à medida que forem cozinhando. Escorrer e reservar.

2. Cozinhar o camarão em água fervente até que fique com uma cor rosada e leitosa (3 a 5 minutos). Escorrer.

3. Cortar os talos do alho-poró em rodelas e deixar marinar* no azeite (para a montagem).

4. Picar o alho em pedaços miúdos.

5. Cortar a abobrinha e a berinjela em lâminas horizontais bem finas. Dourar em fogo alto no azeite com o alho. Retirar do fogo e temperar com o aneto.

6. Na travessa, espalhar e intercalar camadas de molho/lasanha/abobrinha; molho/lasanha/camarão; molho/lasanha/alho-poró; molho/lasanha/berinjela e molho. Repetir a mesma intercalação, terminando com o camarão e o molho.

7. Levar ao forno baixo por 20 minutos. Retirar e servir.

VINHO: Lasanha e Chianti jovem nasceram um para o outro; e se for domingo de casa cheia, é a perfeição.

200ml de creme de leite fresco (1 caixa)

Para a massa:
1 1/2 litro de água
20ml de óleo de girassol ou de canola (4 colheres de sopa)
sal a gosto
300g de massa de lasanha verde fresca
camarão (reservado durante o preparo do caldo de peixe)
150g de alho-poró (3 talos com as folhas)
10g de alho (2 dentes)
300ml de azeite extravirgem para marinar (1 1/2 copo)
300g de abobrinha (1 1/2 unidade média)
300g de berinjela (1 unidade média)
60ml de azeite para fritar (12 colheres de sopa)
5g de aneto picado (1 colher de sopa)

Utensílios necessários:
liqüidificador, peneira, escorredor, travessa refratária

Penne com Carne de Caranguejo, Berinjela e Folhas de Rúcula

SAGARANA | João Pessoa

Para o molho de tomate:
360g de tomate maduro
    (2 unidades médias)
35g de cebola (1/4 de uma
    unidade média)
6 folhas de manjericão
1 folha de louro
5ml de azeite (1 colher de sopa)
sal a gosto

Para o penne:
180g de tomate (1 unidade
    média)
140g de cebola picada
    (1 unidade média)
20ml de azeite (4 colheres
    de sopa)
20g de alho picado (4 dentes)
10ml de vinho branco seco
    (2 colheres de sopa)
400g de carne limpa
    de caranguejo (2 xícaras)
95g de polpa de tamarindo
    congelada (1 pacote)
20ml de leite de coco
    (4 colheres de sopa)
açúcar a gosto

Preparo do molho de tomate:

Levar todos os ingredientes ao fogo e deixar cozinhar até que os tomates se desmanchem. Escorrer a água, retirar a folha de louro e passar na peneira, amassando bem o tomate. Reservar.

Preparo do penne:

1. Retirar a pele e as sementes do tomate, cortar em cubos e reservar.
2. Dourar a cebola em metade do azeite e juntar metade do alho. Adicionar o vinho, deixar ferver até evaporar todo o álcool e acrescentar o tomate. Juntar a carne de caranguejo, refogando bem por cerca de 5 minutos. Acrescentar a polpa de tamarindo e, em seguida, o leite de coco. Cozinhar por 10 minutos. Se necessário, colocar açúcar (a gosto) para reduzir a acidez. Reservar.

3. Cozinhar o penne em água fervente com sal. Quando estiver al dente, escorrer e reservar.
4. Dourar o restante do alho no azeite que sobrou. Juntar a berinjela e o molho de tomate. Cozinhar por cerca de 3 minutos.
5. Misturar o penne com a carne de caranguejo, a berinjela cozida e a rúcula.
6. Dispor num prato, polvilhar o parmesão e decorar com a salsa nas bordas.

VINHO: Leite de coco e rúcula sempre complicam, mas nada que um Riesling Spätlese alemão de primeira linha não possa resolver.

350g de penne (3 1/2 xícaras)
sal a gosto
280g de berinjela cozida
  em cubos al dente
  (1 unidade média)
50ml de molho de tomate fresco
  (1/2 xícara)
8 folhas de rúcula
60g de queijo parmesão ralado
  (4 colheres de sopa)
salsa para decorar

Utensílios necessários:
escorredor, peneira

Peixe com Confit de Berinjela

TASTE VIN | Belo Horizonte

Para o confit:
880g de berinjela (4 unidades pequenas)
10ml de azeite (2 colheres de sopa)
sal a gosto
10g de mel (1 colher de sobremesa)
50ml de vinagre de vinho branco (1 cálice)
100ml de água (1/2 copo)
pimenta-do-reino a gosto
tomilho e manjericão secos

Para o peixe:
220g de tomate maduro (1 unidade grande)
800g de filé de peixe (4 porções)
5g de sal (1 colher de sopa)
5g de alho picado (1 dente)
pimenta-do-reino a gosto
10ml de azeite (2 colheres de sopa)
100g de manteiga (3 colheres de sopa cheias)
20 folhas de manjericão fresco picado fino
3 ramos de alecrim fresco picado fino

Preparo do confit:

1. Fatiar a berinjela e grelhar no azeite, temperando com sal. Reservar.
2. Ferver juntos o mel, o vinagre e a água. Reservar.
3. Na terrina, dispor 1 camada de fatias de berinjela e temperar com a pimenta, o tomilho e o manjericão. Repetir até a última fatia. Cobrir com a calda de mel e azeite. Deixar na geladeira por 24 horas.
4. Antes de servir, aquecer no forno em papel-alumínio por 10 minutos.

Preparo do peixe:

1. Lavar o tomate. Passar em água fervente por 1 minuto e, em seguida, retirar a pele. Cortar em 4 pedaços, remover as sementes e picar em cubos pequenos. Reservar.
2. Temperar o peixe com sal, alho e pimenta.
3. Aquecer o azeite na frigideira e grelhar os filés de peixe.
4. Dois minutos antes de terminar de grelhar os filés de peixe, juntar a manteiga

e deixar ferver. Acrescentar imediatamente as ervas picadas e o limão. Corrigir o sal e retirar do fogo.

5. Dispor os filés de peixe sobre pratos individuais. Adicionar a berinjela confit* aquecida e decorar com os cubos de tomate. Cobrir os filés de peixe imediatamente com o molho e servir.

VINHO: A perfeição da personalidade de um peixe superfresco combina com o escasso Condrieu, do Rhône, que poderá ser substituído por um Viognier do Languedoc Roussillon, muito na moda hoje em dia.

1 ramo de tomilho fresco
picado fino
3 galhos de salsa
5ml de suco de limão (1 colher de sopa)

Utensílios necessários:
frigideira antiaderente, grelha, terrina, papel-alumínio

Aves & Carnes

Filé com Bolinhos de Berinjela

BEIJUPIRÁ | Porto de Galinhas

Preparo da marinada:
Misture bem todos os ingredientes. Reserve.

Preparo do filé:
1. Regue a carne com a marinada e deixe descansar por 6 horas.
2. Retirar a carne e fritar no óleo e na manteiga. Quando ambos tiverem secado, acrescentar o sal e fritar por mais 5 minutos. Retirar do fogo.
3. Misturar a canela, o mel, o vinho e, se preciso, mais sal. Regar a carne com esse molho e polvilhar com a castanha de caju.

Preparo dos bolinhos:
1. Abrir a berinjela ao meio, adicionar sal e deixar descansar por 30 minutos.
2. Cozinhar a berinjela até ficar ao ponto. Em seguida, retirar a casca e a polpa. Refogar com alho, cebola, bacon, manteiga e 1 colher de azeite. Temperar com sal e pimenta.

Para a marinada:
20g de alho socado (4 dentes)
400ml de vinho do Porto (2 copos)
sal e pimenta-do-reino a gosto

Para o filé:
600g de filé mignon (4 filés médios)
50ml de óleo de girassol (10 colheres de sopa)
25g de manteiga (1 colher de sopa)
sal e pimenta-do-reino a gosto
30g de canela em pau (6 unidades)
50ml de mel (3 colheres de sopa)
50ml de vinho do Porto (1 cálice)
50g de castanha de caju picada grosseiramente

Para os bolinhos:
350g de berinjela (1 unidade grande)
sal a gosto
15g de alho (3 dentes)
140g de cebola (1 unidade média)
100g de bacon picado (10 tiras)

- 15g de manteiga (1/2 colher de sopa)
- 50ml de azeite (10 colheres de sopa)
- pimenta-do-reino a gosto
- 2 claras
- 150g de farinha de rosca (10 colheres de sopa)

3. Fazer o bolinho com uma colher, passar na clara e na farinha de rosca e depois fritar no azeite.

VINHO: Escolha um excelente vinho do Porto Ruby ou Tawny para preparar esta receita. Aproveite para descobrir o quanto é preciso servir o mesmo vinho que foi utilizado no preparo do prato, comprando mais uma garrafa.

Gratinado de Berinjela com Azeitonas Pretas

BOULEVARD | Curitiba

PREPARO:

1. Cortar a berinjela ao meio no sentido do comprimento, com cuidado para não furar a pele. Temperar com sal e pimenta e levar ao forno a 200°C por 35 minutos. Retirar a polpa, picar e reservar a pele.
2. Lavar os cogumelos, retirar o talo e picar grosseiramente. Levar ao fogo médio com o azeite até que esteja murcho, sem deixar que solte água.
3. Lavar a salsa e a menta. Picar junto com o alho.
4. Bater os ovos na bacia.
5. Juntar a polpa da berinjela já picada aos cogumelos e levar ao forno forte preaquecido durante 10 minutos para secar. Retirar do forno e juntar a salsa, a menta, o alho, 2 colheres de sopa da farinha de pão, as azeitonas e os ovos batidos. Temperar com sal e pimenta.
6. Rechear a casca da berinjela com a polpa temperada, pressionando com um garfo. Polvilhar com o restante da farinha de

800g de berinjela (2 unidades grandes e 1/2 unidade pequena)
sal e pimenta-do-reino moída na hora
200g de cogumelo-de-paris (20 unidades)
15ml de azeite (3 colheres de sopa)
4 ramos de salsa picados
4 folhas de menta
5g de alho (1 dente)
2 ovos inteiros
50g de farinha de pão grossa e crua (10 colheres de sopa)
100g de azeitona preta conservada no azeite e sem caroço (20 unidades)

Utensílios necessários:
bacia, batedor

pão e levar ao forno a 180°C, por 15 minutos, em um prato untado com azeite.
7. Servir bem quente.

VINHO: Os sabores sutis desta receita ficarão evidenciados com um vinho branco, leve, de uvas Arbois do Jura.

Arroz de Açafrão Enformado com Berinjela, Carne e Snobar

ARÁBIA | São Paulo

PREPARO:

1. Refogar a carne na panela de pressão com uma parte do alho e 2 colheres de sopa de óleo.

2. Adicionar a água, a canela em pau, parte da pimenta, do cardamomo, do açafrão e o sal. Deixar cozinhar por cerca de 15 minutos até que esteja macia. Separar o caldo e reservar.

3. Lavar a berinjela e cortar, com casca, em fatias no sentido do comprimento e com espessura de 1cm. Mergulhá-la num recipiente com água e sal e deixar de molho por 5 a 10 minutos.

4. Cortar a cebola em fatias largas, no sentido do comprimento e no formato de gomo. Dourar no óleo bem quente e abundante. Reservar.

5. Secar a berinjela e fritar no mesmo óleo. Reservar.

600g de músculo ou cordeiro cortado em cubos de 4cm a 5cm
10g de alho socado com um pouco de sal (2 dentes)
500ml de óleo (2 1/2 copos)
1/2 litro de água
4g de canela em pau (1 unidade pequena)
4g de pimenta síria (1 1/2 colher de chá)
1g de cardamomo socado na hora (1/2 colher de café)
6g de açafrão em pó (1 colher de café) ou 1 açafrão em rama
sal a gosto
400g de berinjela (2 unidades pequenas)
280g de cebola (2 unidades médias)
390g de arroz lavado e escorrido (2 xícaras)
1 colher de chá de canela em pó
170g de snobar (pinoli) (1 xícara)
25g de manteiga (1 colher de sopa)

Utensílios necessários:
panela de pressão, socador de alho, 1 panela de 15cm x 25cm, escumadeira

6. À parte, refogar o arroz com o restante do alho e 2 colheres de sopa de óleo. Reservar.

7. Em outra panela, cobrir todo o fundo com a carne. Em seguida, sobrepor a cebola. Adicionar as fatias de berinjela, dispondo-as no sentido vertical (cobrindo as laterais) e deixando uma distância de aproximadamente 3cm entre elas. Juntar o arroz e cobrir tudo com a água do cozimento da carne; se necessário, completar com água.

8. Temperar com o resto do açafrão, da pimenta, do cardamomo, da canela em pó e sal. Tampar e deixar cozinhar em fogo brando.

9. Retirar do fogo e apertar o arroz com uma escumadeira. Desenformar cuidadosamente – e apenas na hora de servir.

10. Dourar o snobar na manteiga e espalhar sobre o prato e em toda a volta. Acrescentar o arroz.

11. Servir acompanhado de coalhada fresca e salada.

VINHO: Um Malbec Reserva Argentino dará toda a estrutura gustativa que os condimentos árabes exigem. Aproveite, pois só no mundo enogastronômico a Arábia faz esquina com a Argentina.

Moussaka

LA CASSEROLE | São Paulo

Preparo do molho branco:

1. Aquecer o leite em fogo baixo.
2. Numa panela, derreter a manteiga e adicionar a farinha mexendo sem parar. Acrescentar o leite morno e mexer até engrossar. Temperar com noz-moscada, sal e pimenta.

Preparo do moussaka:

1. Picar o pernil bem fino e passar no moedor.
2. Retirar a pele e as sementes do tomate e cortar em cubos pequenos.
3. Descascar e picar a cebola e o alho. Picar a salsa.
4. Misturar os temperos ao pernil moído. Levar ao fogo na frigideira com 2 colheres de sopa de azeite e refogar. Incorporar o tomate e misturar. Adicionar o vinho e deixar cozinhar por 10 minutos. Temperar com sal e pimenta.
5. Cortar a berinjela em fatias finas no sentido do comprimento e passar na farinha. Fritar as fatias em 2 colheres de

Para o molho branco:
500ml de leite (2 1/2 copos)
60g de manteiga (2 colheres de sopa)
60g de farinha de trigo (1/2 xícara)
3g de noz-moscada ralada (1 colher de café rasa)
10g de sal (2 colheres de chá)
5g de pimenta-branca moída (1/4 de colher de chá)

Para o moussaka:
750g de pernil de cordeiro (3 1/4 xícaras)
700g de tomate maduro (5 unidades pequenas)
90g de cebola (1/2 unidade grande)
10g de alho (2 dentes)
6g de salsa (1 colher de sopa)
25ml de azeite (5 colheres de sopa)
200ml de vinho branco seco (1 copo)
sal e pimenta-do-reino a gosto
1kg de berinjela (3 unidades grandes)
20g de farinha de trigo (1 1/2 colher de sopa)

Berinjela | Aromas e Sabores da Boa Lembrança

300ml de molho branco
200g de queijo parmesão
    (13 colheres de sopa)

Utensílios necessários:
moedor de carne, frigideira,
papel absorvente, travessa
refratária

sopa de azeite e dispor em papel absorvente.

6. Aquecer o forno a 200°C. Untar a travessa com o restante do azeite e forrar com uma camada de berinjela. Alternar com o pernil, terminando com uma camada de berinjela. Cobrir com molho branco e finalizar polvilhando o parmesão ralado.

7. Levar ao forno por 20 a 30 minutos.

VINHO: Um bom Bordeaux, de preferência da região de Paulliac, é a mais clássica escolha francesa.

Leques de Berinjela com Vitela

CALAMARES | Porto Alegre

PREPARO:

1. Lavar a berinjela e cortar em fatias no sentido do comprimento, mantendo-as presas pelo pé, de modo que formem um leque (serão feitos dois leques). Temperar com sal e deixar descansar por 30 minutos.

2. Descascar a batata e cozinhar. Reservar.

3. Numa panela, juntar 6 colheres de sopa de azeite e 4 colheres de sopa de margarina e levar ao fogo brando. Logo que a margarina derreter, juntar os escalopes de vitela e deixar fritar ligeiramente. Reservar o caldo.

4. Dissolver a páprica e o gengibre no vinho e misturar com a vitela. Corrigir o sal, tampar e cozinhar em fogo brando durante 20 minutos.

5. Passar a batata cozida no amassador para obter um purê. Misturar o leite aquecido, as gemas e 2 colheres de sopa de margarina. Em fogo brando, mexer bem até que a mistura fique homogênea.

560g de berinjela (2 unidades médias)
sal a gosto
780g de batata (6 unidades médias)
60ml de azeite (12 colheres de sopa)
240g de margarina (8 colheres de sopa)
800g de vitela cortada em escalopes (8 filés finos)
5g de páprica picante (1 colher de chá)
10g de gengibre em pó (2 colheres de chá)
100ml de vinho branco seco (1/2 copo)
70ml de leite (1/3 de copo)
3 gemas
10g de orégano (2 colheres de chá)
40g de cereja ao maraschino (8 unidades)
160g de azeitona preta portuguesa (32 unidades)

Utensílios necessários:
amassador de batatas, travessa refratária, saco de confeiteiro

6. Secar os leques de berinjela com um pano. Fritar cada um deles em 6 colheres de sopa de azeite e 2 colheres de margarina. Logo que estejam bem dourados, acrescentar o orégano.
7. Na travessa, colocar os escalopes regados com o próprio caldo. Sobre eles dispor os 2 leques de berinjela com os vértices nas extremidades da travessa, cobrindo toda a carne.
8. Com um saco de confeiteiro, fazer uma moldura de purê de batata.
9. Levar ao forno previamente aquecido a 200°C por 5 minutos. Decorar o purê com as cerejas e azeitonas. Servir em seguida.

VINHO: A riqueza das especiarias imploram por um Cabernet Sauvignon Reserva.

Arroz do Lavrador

DIVINA GULA | Maceió

PREPARO:

1. Colocar 600ml de água para ferver em uma panela com tampa. Adicionar a mistura de cereais e o sal. Cozinhar em fogo brando com a panela tampada por 45 minutos ou até que toda a água seja absorvida.

2. Enquanto os cereais cozinham, furar a lingüiça com um garfo. Em outra panela, ferver um pouco de água e acrescentar a lingüiça, que será frita com a gordura desprendida. Reservar.

3. Dividir a berinjela em três partes. Cortar duas delas em pequenos cubos, colocar em uma vasilha e cobrir com água; em seguida, adicionar o vinagre. Deixar descansar por 30 minutos.

4. Retirar a casca da terceira parte da berinjela, cortar em rodelas, pulverizar com sal e deixar descansar por 30 minutos. Após esse período, lavar e enxugar. Picar em cubos e passar na farinha de trigo. Reservar para fritar.

700ml de água (3 1/2 copos)
400g de mistura de cereais
    (200g de arroz integral,
    75g de trigo integral, 75g
    de aveia integral e 50g de
    arroz-selvagem)
10g de sal (2 colheres de chá)
400g de lingüiça (4 unidades)
300g de berinjela (1 unidade
    média)
50ml de vinagre (1/4 de copo)
50g de farinha de trigo
    (3 colheres de sopa)
75ml de banha de porco talhada
20g de alho (4 dentes)
200g de cebola cortada em
    cubos (1 unidade grande)
80g de pimentão (1/2 unidade
    média)
1 pitada de sal
400g de tomate cortado em
    cubos (2 unidades grandes)
1g de pimenta calabresa
salsa picada e tomates-pêra
    vermelhos e amarelos para
    decorar

Utensílios necessários:
travessa de barro,
caçarola média

Berinjela | Aromas e Sabores da Boa Lembrança

5. Em uma caçarola média, esquentar a banha de porco. Juntar o alho, a cebola, o pimentão e a pitada de sal. Quando dourar, acrescentar os tomates e as duas primeiras partes da berinjela. Abafar por 5 minutos. Colocar a lingüiça frita, a pimenta e o restante da água. Assim que começar a secar, adicionar o arroz.
6. Fritar a terceira parte da berinjela.
7. Dispor a mistura em uma travessa de barro, decorando com a salsa, a berinjela frita e os tomates-pêra.

VINHO: A lingüiça fará uma ciranda gustativa com um Zinfandel californiano de pelo menos três anos.

Lombo de Cordeiro Recheado de Berinjela com Nhoque Trufado

DONA DERNA | Belo Horizonte

Preparo do rôti de cordeiro:

1. Colocar os ossos num tabuleiro e levar ao forno para corar por aproximadamente 1 hora.

2. Refogar a cebola e a cenoura no óleo. Juntar os ossos e cobrir com 4 litros de água. Cozinhar por 1 hora e retirar a gordura da superfície. Acrescentar o restante dos ingredientes, menos a maisena, e deixar cozinhar por mais 8 horas. Reservar. No dia seguinte, adicionar 1 litro de água e ferver por 4 horas. Coar o caldo e reduzir,* em outra panela, até quase 1 litro. Dissolver a maisena em 1/2 copo de água fria e despejar no caldo fervendo, misturando sem parar. Reservar por 2 dias antes de usar.

Preparo do lombo de cordeiro:

1. Retirar parte do miolo dos lombos, deixando as paredes com, no mínimo, 1cm de espessura, formando 4 cilindros. Reservar.

Para o rôti de cordeiro:
500g de osso de cordeiro
250g de cebola cortada em cubos (2 1/2 unidades pequenas)
250g de cenoura cortada em cubos (2 unidades médias)
20ml de óleo (4 colheres de sopa)
5 litros de água
20g de alho-poró (1/2 talo)
40g de aipo (1 talo)
280g de tomate (2 unidades pequenas)
2 folhas de louro
25g de alho (5 dentes)
5g de tomilho (1 colher de sopa)
10g de salsa (2 colheres de sopa)
10g de maisena (1 colher de sopa)

Para o lombo de cordeiro:
200ml de rôti de cordeiro
800g de lombo de cordeiro (4 pedaços com 15cm de comprimento)
30g de alho inteiro (6 dentes)

Berinjela | Aromas e Sabores da Boa Lembrança | 115

sal e pimenta-do-reino a gosto
560g de berinjela (2 unidades
médias)
5g de sal (1 colher de chá)
100ml de azeite (1/2 copo)
3 ovos inteiros
100g de farinha de rosca
(7 colheres de sopa)
50g de pinoli (5 colheres
de sopa)
50g de uva passa (1 1/2 colher
de sopa)
1 pitada de orégano
1 redenho*
3 ramos de alecrim
100ml de vinho tinto (1/2 copo)

Para o nhoque:
400g de nhoque de batata
comprado pronto
200g de queijo de cabra tipo
chevroux (1 xícara)
200g de creme de leite fresco
(1 caixa)
100g de queijo parmesão ralado
(7 colheres de sopa)
50g de manteiga de trufa
sal a gosto
3 ramos de tomilho

Utensílios necessários:
moedor de carne, mixer, peneira
fina, tabuleiro, coador

2. Moer o miolo dos lombos, temperar com 1 dente de alho picado, sal e pimenta. Reservar.

3. Cortar a berinjela ao meio no sentido do comprimento, fazer incisões na polpa e preencher com 4 dentes de alho em fatias. Temperar com sal e regar com o azeite. Assar a 150°C por 20 minutos.

4. Retirar a polpa de berinjela com o alho e bater no mixer junto com o miolo moído. Passar a mistura para uma vasilha, acrescentar os ovos, a farinha, o sal e a pimenta a gosto. Juntar o pinoli, a uva passa e o orégano formando uma massa de consistência média.

5. Temperar os lombos, rechear com a massa e envolver no redenho.* Dourar com o azeite e o alho restantes e o alecrim. Retirar os lombos e reservar.

6. Deglaçar* com o vinho e, depois que evaporar, adicionar o rôti de cordeiro, deixando cozinhar por 3 minutos. Passar na peneira e reservar.

Preparo do nhoque:
Cozinhar os nhoques em água fervendo com sal. Escorrer e reservar. Para o molho, amassar o queijo de cabra e juntar ao creme de leite. Levar ao fogo brando até formar um creme ralo. Acrescentar o

parmesão, a manteiga e acertar o sal. Colocar os nhoques no molho, incorporar levemente e adicionar o tomilho.

MONTAGEM:

Fatiar os lombos com aproximadamente 1cm de espessura. Arrumá-los em um prato sobrepondo as pontas de cada fatia em forma de meia-lua, acompanhando com os nhoques. Regar as fatias com o molho rôti e decorar com o alecrim.

VINHO: Um Cabernet Sauvignon do Chile, encorpado, com os taninos amaciados, resistirá bem aos temperos.

Berinjela Romana

ENOTRIA | Rio de Janeiro

Para o molho demi-glace:
1kg de osso de boi
500g de cebola (5 unidades
      pequenas)
500g de cenoura (3 unidades
      médias)
40ml de óleo (8 colheres
      de sopa)
10 litros de água
40g de alho-poró (1 talo)
80g de aipo (2 talos)
560g de tomate (3 unidades
      médias)
4 folhas de louro
50g de alho (10 dentes)
10g de tomilho (2 colheres
      de sopa)
20g de salsa (4 colheres
      de sopa)
20g de maisena (2 colheres
      de sopa)

Para a berinjela:
880g de peito de pato
      (4 unidades)
1,7kg de berinjela (8 unidades
      pequenas)
sal e pimenta-do-reino a gosto
800g de massa folhada
      (4 quadrados de
      20cm x 20cm)

Preparo do molho demi-glace:

1. Colocar os ossos num tabuleiro e levar ao forno para corar por aproximadamente 1 hora.

2. Cortar a cebola e a cenoura em cubos e refogar no óleo.

3. Juntar os ossos, a cebola e a cenoura refogadas e cobrir com 8 litros de água. Cozinhar por 1 hora e ir retirando a gordura da superfície com uma concha. Acrescentar o restante dos ingredientes, menos a maisena, e deixar cozinhar por mais 8 horas. Reservar.

4. No dia seguinte, acrescentar 2 litros de água e ferver por 4 horas. Coar o caldo e deixar reduzir* em outra panela até quase 2 litros.

5. Dissolver a maisena em 1 copo de água fria e despejar no caldo fervendo, misturando sem parar. Reservar.

Preparo da berinjela:

1. Retirar a pele dos peitos de pato e temperar com sal. Reservar.

2. Cortar a berinjela em lâminas diagonais e salpicar com sal e pimenta. Enrolar os peitos de pato com as lâminas.

3. Envolver os peitos de pato cobertos com a berinjela nos quadrados de massa folhada. Pincelar a massa com as gemas e levar ao forno preaquecido a 200°C por 1 hora e 10 minutos.

4. Levar a caçarola ao fogo alto e juntar o molho demi-glace, o vinho, a manteiga e o sal até obter uma consistência espessa.

5. Fatiar 4 berinjelas em 32 rodelas finas e dourá-las rapidamente no azeite bem aquecido. Reservar.

6. Dividir o molho em 4 porções e colocar no centro de cada prato. Acrescentar a massa folhada assada também no centro e dispor ao redor de cada uma 8 rodelas de berinjela.

VINHO: Toda a sutileza da carne de pato sobressairá com um bom Châteauneuf-du-Pape.

2 gemas para pincelar
400ml de molho demi-glace
    (2 copos)
300ml de vinho do Porto
    (1 1/2 copo)
200g de manteiga (7 colheres de sopa)
60ml de azeite extravirgem
    (12 colheres de sopa)

Utensílios necessários:
tabuleiro, concha, coador, caçarola

Peito de Pato ao Molho do Porto

GALANI | Rio de Janeiro

800g de berinjela (4 unidades pequenas)
sal e pimenta-do-reino a gosto
140g de cebola (1 unidade média)
40g de alho-poró (1 talo)
1/2 maço de tomilho
100ml de azeite extravirgem (1/2 copo)
75g de manteiga (2 1/2 colheres de sopa)
2 ovos
100ml de creme de leite (1/2 caixa)
40g de mostarda Dijon (1 colher de sopa)
60g de farinha de pão de fôrma fresca (6 colheres de sopa)
4 peitos de pato limpos (220g cada)
80ml de óleo de girassol ou de milho (16 colheres de sopa)
cebola e tomilho picados a gosto
200ml de vinho do Porto (1 copo)
salsa para decorar

Utensílios necessários:
batedor, frigideira, peneira

PREPARO:

1. Cortar a berinjela ao meio, retirar o miolo e cortar em cubos preservando as cascas. Temperar o miolo com sal e pimenta e deixar descansar por 10 minutos.

2. Picar a cebola, o alho-poró e o tomilho. Dourá-los no azeite e na manteiga e acrescentar os cubos de berinjela.

3. Bater os ovos e misturar com o creme de leite. Acrescentar os cubos de berinjela refogados, a mostarda e a farinha de pão. Com essa mistura, rechear as cascas de berinjela cortada ao meio e levar ao forno por 20 minutos a 170°C. A berinjela irá assar e, ao mesmo tempo, tomar a forma de suflê.

4. Dourar os peitos de pato no óleo. Retirar da frigideira no ponto que preferir e cortar em lâminas.

5. Na mesma frigideira, acrescentar um pouco da cebola e do tomilho. Flambar* com o vinho do Porto e deixar reduzir* por 10 minutos. Passar o molho por uma peneira e, no final, acrescentar mais manteiga.

6. Montar o prato com uma berinjela e o peito de pato e cobrir com o molho. Decorar com a salsa.
7. Servir acompanhado de purê de maçã ou batata-baroa ou legumes cozidos.

VINHO: Sem dúvida, um Bordeaux fará a glória desta receita; mas também é indicado experimentá-la com um Bandol – o vigor e a tanicidade dos tintos da Provença darão mais equilíbrio à mostarda e ao Porto.

Cordeiro ao Molho de Berinjela

IL TRAMEZZINO DI PAOLO | Novo Hamburgo

1kg de pernil de cordeiro limpo
150g de cebola (1 1/2 unidade pequena)
20ml de azeite (4 colheres de sopa)
10g de alho (2 dentes)
150ml de vinho tinto (3/4 de copo)
125g de extrato de tomate (5 colheres de sopa)
1 1/2 litro de água
2 folhas de louro
5g de zimbro (1 colher de chá)
5g de pimenta-rosa (1 colher de sopa)
sal e pimenta-do-reino a gosto
560g de berinjela (2 unidades médias)
12 folhas de hortelã picadas
galhos de hortelã para decorar

PREPARO:

1. Cortar o pernil de cordeiro em cubos grandes.
2. Picar grosseiramente a cebola.
3. Em uma panela larga e baixa, refogar em 2 colheres de azeite a cebola, o alho e o cordeiro até dourar, regando com o vinho até evaporar totalmente. Adicionar o extrato de tomate e cobrir com a água. Temperar com o louro, o zimbro e a pimenta-rosa. Acrescentar sal e pimenta-do-reino. Após levantar fervura, baixar a chama e deixar cozinhar em fogo brando por 3 horas, até que a carne esteja bem macia.
4. À parte, fatiar as berinjelas no sentido do comprimento com 1cm de espessura. Refogar no restante do azeite com a hortelã. Juntar aos poucos o molho do cordeiro até completar o cozimento das berinjelas.
5. Em uma travessa, dispor a carne com o molho de um lado e as berinjelas do outro. Decorar com os galhos de hortelã.

VINHO: Os parceiros tradicionais do cordeiro são os tintos envelhecidos de Cabernet Sauvignon e os Rioja Reserva. Apostar em um clássico.

Espeto de Carneiro com Berinjela e Cogumelos

KOJIMA | Recife

700g de carne magra
de carneiro
280g de berinjela (1 unidade
média)
80ml de molho shoyu
(16 colheres de sopa)
35ml de saquê (5 colheres)
20g de gengibre fresco ralado
(2 colheres de chá)
5g de alho (1 dente)
300g de cogumelo shiitake
pequeno (fresco e lavado)
10ml de óleo (2 colheres
de sopa)

Utensílios necessários:
bacia de plástico, filme plástico,
12 espetos de bambu

PREPARO:

1. Cortar a carne de carneiro em cubos de 4cm. Retirar toda a gordura possível.
2. Cortar a berinjela ao meio e, depois, em pedaços de 2cm de largura.
3. Na bacia, misturar a carne com o shoyu, o saquê, o gengibre e o alho. Levar à geladeira e deixar marinar* coberto com o filme plástico por 2 horas ou mais. Retirar a carne e reservar a marinada.
4. Montar os espetinhos com um cubo de carne, um pedaço de berinjela e um cogumelo. Pincelar com óleo e fritar sobre uma chapa untada ou diretamente sobre o fogo a mais ou menos 10cm de distância da chama, por 4 a 5 minutos de cada lado. De vez em quando, regar com a marinada.

VINHO: Para o carneiro, um Cabernet Sauvignon potente; para o shoyu, um Shiraz. Os australianos Cabernet e Shiraz caem como uma luva neste prato, e não deixarão passar impune aquele gengibre.

Faisão em Torta de Berinjela

LA CACERIA | Gramado

PREPARO:

1. Cortar a berinjela em tiras longas, colocar em uma bandeja, salpicar o sal e deixar repousar por 20 minutos.
2. Lavar a berinjela, secar com a toalha de papel e reservar.
3. Cozinhar o capellini até ficar al dente, escorrer e reservar.
4. Picar a cebola.
5. Cortar o faisão em pedaços miúdos e refogar em 2 colheres de sopa de azeite. Em seguida, adicionar a cebola, o alho, o tomate pelati, o purê de tomate e a ervilha. Em seguida, juntar os queijos cheddar e mozarela e misturar. Finalmente, agregar o capellini. Refogar no restante do azeite por poucos minutos. Desligar o fogo.
6. Com o recheio ainda quente, acrescentar os ovos batidos, incorporando bem. Reservar.

440g de berinjela (2 unidades pequenas)
1 pitada de sal
80g de capellini
90g de cebola (1/2 unidade grande)
400g de faisão (2 peitos cortados ao meio, 4 filés)
30ml de azeite (6 colheres de sopa)
10g de alho (2 dentes)
280g de tomate pelati (9 1/2 unidades)
10g de purê de tomate (2 colheres de sobremesa)
80g de ervilha congelada (4 colheres de sopa)
40g de queijo cheddar (2 colheres de sopa ou 2 envelopes)
100g de queijo mozarela ralado na hora (7 colheres de sopa)
4 ovos
40g de queijo parmesão ralado para gratinar* (3 colheres de sopa rasas)

Utensílios necessários:
bandeja, toalha de papel, escorredor, forma redonda, papel-manteiga

MONTAGEM:

Untar a forma, cobrir com o papel-manteiga e dispor parte das tiras de berinjela até forrar o fundo. Colocar o recheio de faisão e sobrepor o restante da berinjela. Polvilhar com o parmesão. Levar ao forno por 25 a 30 minutos até gratinar.* Retirar e deixar repousar por 5 minutos antes de servir.

VINHO: Para a glória do faisão, um Champagne safrado.

Almôndegas de Berinjela

MISTURA FINA | Rio de Janeiro

Preparo das almôndegas:

1. Cortar a berinjela no sentido do comprimento, salgar a polpa e deixar em uma peneira por 1 hora e 30 minutos. Lavar e secar com toalha de papel.
2. Untar o tabuleiro com azeite e dispor as berinjelas com a casca para cima. Levar ao forno preaquecido por 1 hora e 30 minutos ou até que fique bem macia. Retirar e raspar a polpa, formando um purê.
3. Refogar o alho e a cebola no azeite, juntar o purê de berinjela e a farinha de trigo, temperar com sal e pimenta e adicionar o orégano. Cozinhar mexendo sempre até que seque bem e seja possível ver o fundo da panela.
4. Deixar esfriar na geladeira por 2 horas. Acrescentar o parmesão e moldar as almôndegas.
5. Passar na farinha e fritar em óleo quente. Reservar.

Para as almôndegas:
1/2kg de berinjela (2 unidades 1 pequena e 1 grande)
1 pitada de sal
azeite para untar
5g de alho picado (1 dente)
20g de cebola picada (1 1/2 colher de sopa)
15ml de azeite (3 colheres de sopa)
20g de farinha de trigo (1/5 de xícara)
sal e pimenta-do-reino a gosto
2g de orégano (1/2 colher de chá)
30g de queijo parmesão (2 colheres de sopa)
farinha de rosca para empanar
óleo para fritar
galhos de manjericão para decorar

Para o molho:
5g de alho (1 dente)
50g de cebola (1/2 unidade pequena)
20 folhas de manjericão
15ml de azeite (3 colheres de sopa)
50ml de vinho branco seco (1 cálice)
500g de tomate picado, sem pele e sem semente (2 unidades grandes e

1/2 unidade pequena)
5g de açúcar (1 colher de chá)
sal e pimenta-do-reino a gosto

Para a polenta:
1 litro de água
sal a gosto
400g de fubá (3 xícaras cheias)
azeite para grelhar

Utensílios necessários:
peneira, toalha de papel,
tabuleiro, colher de pau,
frigideira antiaderente

Preparo do molho:

1. Picar o alho, a cebola e as folhas de manjericão.
2. Refogar o alho e a cebola no azeite, juntar o vinho e deixar secar um pouco. Adicionar o tomate, o açúcar, sal e pimenta e deixar cozinhar por 45 minutos com a panela tampada. Desligar o fogo e juntar o manjericão.

Preparo da polenta:

1. Ferver a água com sal.
2. Colocar o fubá aos poucos e misturar com a colher de pau. Deixar cozinhar por 45 minutos, mexendo quando necessário.
3. Transferir a polenta para o tabuleiro e esperar esfriar. Cortar em quadrados e grelhar na frigideira com azeite.

MONTAGEM:

Dispor um pouco de molho no prato, colocar um pedaço de polenta no centro e algumas almôndegas por cima. Decorar com os galhos de manjericão.

VINHO: Muitos tintos jovens e saborosos harmonizam-se com esta receita, como um Cabernet ou Mavrud búlgaros ou um Kadarka húngaro, um Shiraz australiano ou ainda um Copertino italiano – a preferência vai para este último.

Costela de Cordeiro com Risoto de Ratatouille e Caviar de Berinjela

RANCHO INN | Rio de Janeiro

Preparo do caviar de berinjela e do cordeiro:

1. Cortar a berinjela no sentido do comprimento e fazer furos com um garfo. Dispor na assadeira. Regar com o azeite e levar ao forno a 200°C até o miolo ficar bem mole. Deixar esfriar, retirar o miolo e descartar a casca. Misturar o miolo com o tahine. Juntar o alho e o suco de limão. Adicionar o sal e a pimenta. Bater no liqüidificador e reservar.

2. Contornar o caviar de berinjela com azeite e hortelã.

3. Temperar as costelas de cordeiro com sal, pimenta e alecrim. Grelhar com um pouco de azeite até ficarem rosadas por dentro.

Preparo da ratatouille:

Cozinhar todos os legumes separadamente al dente, exceto o tomate, sempre com um pouco de azeite. Por último, misturar os legumes e o alho picado. Cozinhar por

Para o caviar de berinjela e o cordeiro:
500g de berinjela (2 unidades 1 média e 1 pequena)
5ml de azeite (1 colher de sopa)
25g de tahine (1 colher de sopa)
5g de alho descascado (1 dente)
10ml de suco de limão (2 colheres de sopa)
sal e pimenta-do-reino a gosto
hortelã fresca a gosto
16 costelas de cordeiro
alecrim a gosto

Para a ratatouille (800g):
25ml de azeite extravirgem (5 colheres de sopa)
140g de cebola em cubos (1 unidade média)
280g de berinjela cortada em cubos (1 unidade média)
220g de abobrinha cortada em cubos (1 unidade média)
180g de pimentão vermelho cortado em cubos, sem pele e sem semente (1 unidade grande)
40g de alho-poró cortado (1 talo)
10g de alho picado (2 dentes)
90g de tomate picado, sem pele e sem semente (1/2 xícara)

5g de tomilho (1 colher de sopa)
sal e pimenta-do-reino a gosto

Para o caldo de galinha (2 litros):
400g de carcaça de galinha
280g de cebola (2 unidades
médias)
260g de cenoura (2 unidades
médias)
2 folhas de louro
20g de alho (4 dentes)
1 litro de água

Para o risoto:
15g de cebola ralada (1 colher
de sopa)
10ml de azeite (2 colheres
de sopa)
300g de arroz arborio ou
Vialone Nano
100ml de vinho branco seco
(1/2 copo)
2 litros de caldo de galinha
quente
90g de manteiga (3 colheres
de sopa)
60g de queijo parmesão
(4 colheres de sopa)
10g de salsa picada (2 colheres
de sopa)
pimenta-do-reino a gosto
galhos de tomilho e alecrim
fresco para decorar

Utensílios necessários:
assadeira, liqüidificador, coador,
grelha

1 minuto. Acrescentar o tomate e o tomilho. Adicionar sal e pimenta, misturando bem. Reservar.

Preparo do caldo de galinha:
Cozinhar por 30 minutos em fogo alto e depois coar.

Preparo do risoto:
1. Em uma panela, refogar a cebola no azeite sem deixar dourar. Colocar o arroz, misturando bem e acrescentando o vinho. Deixar evaporar. Adicionar lentamente o caldo de galinha, mexendo sempre. Após 17 minutos, tirar do fogo e incorporar a ratatouille, a manteiga, o parmesão e a salsa, mexendo bem. Temperar com pimenta.
2. Dispor em uma travessa e decorar com o tomilho e o alecrim.

VINHO: O eclético Tempranillo argentino conduzirá os sabores festivos da ratatouille, ampliará a modernidade do caviar de berinjela e conservará o clássico cordeiro. Quase uma mágica.

Timbale de Berinjela com Almôndegas Mistas

RISTORANTE BOLOGNA | Curitiba

Preparo do molho de tomate:

Picar o tomate e juntar a cebola e o louro. Temperar com o sal e a pimenta e cozinhar bastante em fogo baixo. Passar na peneira. Reservar.

Preparo das almôndegas de berinjela:

1. Pincelar a berinjela com o óleo e furar com um garfo, deixando-a inteira.

2. Forrar a forma com o papel-alumínio e dispor a berinjela. Levar ao forno aquecido a 200°C por cerca de 30 minutos até que fique bem macia. Retirar do forno e deixar esfriar.

3. Descascar a berinjela, escorrer bem e amassar o miolo com um garfo, até obter um purê. Acrescentar a salsa, o alho, o ovo, o sal e a pimenta. Adicionar 1 colher de sopa da farinha para obter uma mistura de consistência macia. Deixar repousar por 20 minutos. Em seguida, formar bolinhas do tamanho de uma noz e passar no restante da farinha. Reservar.

Para o molho de tomate:
850g de tomate (6 unidades pequenas)
35g de cebola (1/4 de unidade média)
1 folha de louro
sal e pimenta-do-reino a gosto

Para as almôndegas de berinjela:
700g de berinjela (2 unidades grandes)
10ml de óleo (2 colheres de sopa)
20g de salsa picada (4 colheres)
5g de alho picado (1 dente)
1 ovo
sal e pimenta-do-reino a gosto
30g de farinha de rosca (2 colheres de sopa)

Para as almôndegas de carne:
5g de alho (1 dente)
10g de alcaparra (1 colher de sopa)
35g de cebola (1/4 de 1 unidade média)
400g de carne moída (2 xícaras)
1 ovo
30g de farinha de rosca (2 colheres de sopa)
3g de casca ralada de limão siciliano amarelo (1 colher de café)
1 galho de tomilho

10ml de leite (2 colheres
de sopa)
sal e pimenta-do-reino a gosto

Para o timbale:
óleo para fritar as almôndegas
560g de berinjela (2 unidades
médias)
10ml de óleo (2 colheres
de sopa)
sal e pimenta-do-reino a gosto
300ml de molho de tomate
(1 1/2 copo)
120g de mozarela picada
(1 xícara)
20 folhas de basilicão

Utensílios necessários:
peneira, forma, papel-alumínio,
papel-absorvente, prato redondo

Preparo das almôndegas de carne:
Picar o alho, a alcaparra e a cebola bem
fino. Misturar com a carne, o ovo e 1 colher de sopa da farinha. Juntar a casca do
limão, o tomilho e o leite. Ajustar o sal e a
pimenta e formar bolinhas do tamanho de
uma noz, passando no restante da farinha.

Preparo do timbale:
1. Fritar as almôndegas de berinjela e de
carne no óleo.
2. Lavar a berinjela, limpar e cortar em
fatias. Fritar rapidamente nas 2 colheres de sopa de óleo bem quente e escorrer no papel-absorvente. Quando estiverem secas, temperar com sal e pimenta.
3. Cobrir a forma com as fatias de berinjela
no sentido do comprimento, sobrepondo-as em pequenas distâncias. Regar
com um pouco do molho de tomate,
alternando com camadas de almôndegas e mozarela.
4. Levar a forma ao forno aquecido a 180°C
por 25 minutos. Retirar, deixar repousar
por 10 minutos. Dispor no prato redondo e decorar com o basilicão.

VINHO: De antiga notoriedade, o Torgiano Rosso Riserva das proximidades de Perugia será o par perfeito para as populares almôndegas.

Gelatina de Pato com Berinjela

PORTUGALLIA | Belo Horizonte

Para o caldo de carne:
2 litros de água
300g de apara de carne (1 1/2 xícara)
10g de alho-poró (1/4 de talo)
10g de aipo (1/4 de talo)
5g de alho (1 dente)
45g de cenoura (1/2 unidade pequena)
140g de cebola (1 unidade média)
5g de tomilho (1 colher de chá)
sal e pimenta-do-reino a gosto

Para a gelatina:
1 pato de 2kg (ou 700g de peito de pato já limpo)
250g de lombinho de porco magro (2 1/4 xícaras)
100ml de vinho Madeira (1/2 copo)
140g de berinjela picada sem casca (1/2 unidade média)
30g de manteiga (1 colher de sopa)
300g de fígado de pato (1 1/2 xícara)
sal e pimenta-do-reino a gosto
200ml de caldo de carne (1 copo)
3 envelopes de gelatina sem sabor
torradas de pão italiano

Preparo da gelatina:

1. Eliminar toda a pele do pato e cortar a carne em cubos pequenos.

2. Cortar o lombinho também em cubos pequenos.

3. Em uma tigela, juntar as duas carnes, cobrir com o vinho e levar à geladeira por 2 horas.

4. Na frigideira, fritar a berinjela na manteiga até que amoleça. Acrescentar o fígado de pato e temperar com sal e pimenta. Deixar cozinhar por 10 minutos.

5. Passar no processador a mistura da berinjela com o fígado de pato, o caldo de carne e a gelatina dissolvida, acrescentando, em seguida, os cubos de lombinho e pato.

6. Dispor a mistura processada na forma, cobrir com o papel-alumínio e levar ao forno em banho-maria* por 1 hora. Retirar e levar à geladeira até ganhar consistência.

7. Desenformar e servir com torradas de pão italiano.

Preparo do caldo de carne:
Colocar todos os ingredientes na água e deixar ferver por 2 horas. Enquanto cozinham, ir retirando a espuma e a gordura com uma concha ou colher de arroz. Coar e reservar.

VINHO: O resistente Cabernet de Napa para fazer frente ao Madeira.

Utensílios necessários:
frigideira, processador de alimentos, forma de 21,5cm x 11,5cm (de pão-de-forma), papel-alumínio, concha ou colher de arroz, coador

Berinjela ao Molho de Tofu com Robata de Frango

SUSHI GARDEN | Rio de Janeiro

660g de berinjela (3 unidades pequenas)
50g de missô (1 colher de sopa)
20g de hondashi (2 envelopes)
50ml de shoyu (10 colheres de sopa)
10g de Ajinomoto (1 colher de sopa)
200g de tofu (1 1/4 xícara)
400g de filé de peito de frango (4 filés)
10g de sal (2 colheres de chá)
30g de gengibre ralado (3 colheres de sopa)
5ml de óleo de gergelim (1 colher de sopa)
50ml de molho inglês Tonkatsu (10 colheres de sopa)
300ml de água para o molho (1 1/2 copo)
20g de gergelim preto torrado (2 colheres de sopa)

Utensílios necessários:
chapa para grelhar, 8 unidades de palito de bambu do tipo takegushi (espeto para grelhados)

PREPARO:

1. Cortar a berinjela ao meio retirando o talo. Com uma faca afiada, dar pequenos cortes na polpa para facilitar o cozimento.

2. Em uma panela grande, cozinhar com um pouco de água a berinjela, o missô,* o hondashi,* 10ml de shoyu e o Ajinomoto, mantendo a parte escura (a casca) voltada para o fundo da panela.

3. Cortar o tofu em cubos pequenos. Reservar.

4. Cortar o filé de frango em cubos e espetar nos takegushi, formando ao todo 8 espetinhos. Temperar com pouco sal. Reservar.

5. Em uma panela, dourar o gengibre com o óleo de gergelim. Acrescentar o molho Tonkatsu, o restante do shoyu e a água. Deixar cozinhar em fogo brando até o molho engrossar.

6. Acrescentar os cubos de tofu. Apagar o fogo assim que o tofu estiver com a cor do molho.

7. Em uma chapa quente, grelhar os espetos de frango.

MONTAGEM:

1. Arrumar 2 partes da berinjela em forma de "V". Cobrir com um pouco do tofu e salpicar gergelim.
2. Dispor os espetos de frango grelhados em forma de "X" logo abaixo da berinjela. Decorar com um pouco do molho sem pedaços de tofu.

VINHO: A carne de frango é bastante flexível e pode ser harmonizada com uma infinidade de vinhos brancos e tintos; já o molho requer um vinho pungente e seco.

Cordeiro com Tortinha de Berinjela

VINHERIA PERCUSSI | São Paulo

Para o cordeiro:
2kg de costeleta de cordeiro
(8 tiras limpas de 250g cada)
azeite a gosto
10g de sal marinho (2 colheres de sopa)
5g de alecrim (1 colher de sopa)
10 folhas de sálvia

Para o caldo de legumes:
1/2 litro de água
30g de cenoura (1/4 de 1 unidade média)
35g de cebola (1/4 de 1 unidade média)
10g de alho-poró (1/4 de talo)
20g de salsão (1/2 talo)
5g de salsa (1 colher de sopa)
5g de alecrim (1 colher de sopa)
5g de tomilho (1 colher de sopa)
sal a gosto

Para a tortinha:
840g de berinjela (3 unidades médias)
15ml de azeite (3 colheres de sopa)
10g de alho picado (2 dentes)
90g de cebola picada (1/2 unidade grande)
15ml de caldo de legumes (3 colheres de sopa)
140g de pimentão vermelho ou amarelo em cubos (1 unidade média)

Preparo do cordeiro:

1. Besuntar as costeletas com azeite.
2. Temperar com o sal, o alecrim e a sálvia.
3. Levar à grelha bem quente, grelhar por fora e, dentro, deixar ao ponto. Reservar.

Preparo do caldo de legumes:
Ferver todos os ingredientes por 1 hora, coar e reservar.

Preparo da tortinha:

1. Descascar a berinjela, de modo que as cascas saiam em fatias inteiras. Cozinhar as cascas por 1 minuto, secar bem e reservar.
2. Levar a berinjela descascada ao forno preaquecido a 180°C por 30 minutos. Depois de assada, retirar a pele queimada, espremer para tirar a água e picar. Reservar.
3. Aquecer o azeite na frigideira e refogar o alho e a cebola. Adicionar o caldo de legumes e o pimentão e refogar por 4 minutos. Em seguida, juntar a abobrinha e

refogar por mais 4 minutos. Por fim, acrescentar a berinjela e deixar por mais 2 minutos. Agregar o parmesão, a farinha, sal e pimenta.

4. Forrar as forminhas com papel-manteiga e untar com azeite. Dispor as tiras de berinjela em cada forminha, sobrepondo-as e deixando um buraco no meio. Adicionar o recheio, pressioná-lo nas forminhas e fechar com as tiras de berinjela. Cobrir tudo com um círculo de papel-manteiga e levar ao forno preaquecido a 180°C por 35 minutos, retirando o papel nos últimos 10 minutos.

5. Dispor a tortinha no prato e decorar com a mozarela e o manjericão. Colocar o molho de tomate ao redor e servir acompanhada da costeleta.

VINHO: Tempranillo e cordeiro sempre, mas para variar escolha um sofisticado da Ribera Del Duero.

440g de abobrinha em cubos
(2 unidades médias)
15g de queijo parmesão ralado
(1 colher de sopa)
30g de farinha de rosca
(6 colheres de sopa)
sal e pimenta-do-reino a gosto
azeite para untar
150g de mozarela de búfala
(4 unidades)
folhas de manjericão para
decorar
160g de molho de tomate
(8 colheres de sopa)

Utensílios necessários:
grelha, coador, frigideira,
forminhas, papel-manteiga

Rendimento: 8 porções

Escalopes de Filé Envoltos em Berinjela Frita

WANCHAKO | Maceió

800g de filé mignon (8 filés finos)
sal a gosto
1 pitada de pimenta-branca moída
1 pitada de Ajinomoto
óleo para fritar
10g de mostarda (1 colher de sopa)
10ml de shoyu (2 colheres de sopa)
560g de berinjela com casca (2 unidades médias)
720g de tomate (4 unidades médias)
20g de alho (4 dentes)
5ml de azeite (1 colher de sopa)
6 folhas de manjericão
1 pitada de orégano
100g de queijo parmesão ralado (7 colheres de sopa)

Utensílios necessários:
frigideira, travessa

PREPARO:

1. Limpar o filé e cortar em 8 fatias iguais de aproximadamente 3cm de espessura. Temperar com sal, pimenta e Ajinomoto.

2. Esquentar um pouco de óleo na frigideira e fritar os filés sem mexer para não criar água, virando-os quando estiverem ao ponto. Em seguida, juntar a mostarda e o shoyu. Mexer rapidamente e reservar.

3. Cortar a berinjela em 8 fatias finas, no sentido vertical. Fritar em óleo quente até que fique dourada e crocante. Reservar.

4. Cortar o tomate em cubos e o alho em fatias finas.

5. Esquentar o azeite na frigideira e dourar o alho. Juntar o tomate, o manjericão e o orégano. Mexer rapidamente e reservar.

6. Envolver cada um dos filés em uma berinjela. Arrumar lado a lado na travessa e cobrir com o tomate e o caldo que sobrou dos filés. Polvilhar com o parmesão e levar ao forno por 5 minutos para gratinar.*

VINHO: Tinto é claro, mas que seja de grande estrutura como um Bordeaux maduro

Sobremesas

Berinjela em Chips e Suflê com Mascarpone ao Molho de Laranja

PAX | Rio de Janeiro

Para o creme de berinjela:
1 laranja bahia
350g de berinjela (1 unidade grande)
15g de açúcar (1 colher de sopa)

Para a calda de laranja:
60g de açúcar (4 colheres de açúcar)
280ml de suco de laranja (4 unidades)

Para os chips:
175g de berinjela (1/2 unidade grande)
300ml de água (1 1/2 copo)
100g de açúcar (7 colheres de sopa)

Para o suflê:
50g de uva-passa (2 colheres de sopa)
30ml de conhaque (6 colheres de sopa)
2 claras
30g de açúcar (2 colheres de sopa)

Preparo do creme de berinjela:

1. Retirar a casca da laranja bem fina. Cortar em tirinhas e deixar de molho em água (serão usadas na calda). Reservar o suco.
2. Lavar e retirar as extremidades da berinjela, cortar ao meio e fazer cortes na polpa. Colocar na assadeira com a polpa voltada para cima, espalhar o açúcar e o suco da laranja.
3. Assar em forno preaquecido a 150°C por 40 minutos. Retirar e separar a polpa da casca. Bater a polpa no liqüidificador até obter um purê. Reservar.

Preparo da calda de laranja:
Aquecer o açúcar em fogo alto e quando estiver na cor caramelo-clara, acrescentar o suco de laranja. Deixar ferver em fogo brando até dissolver todo o caramelo e adquirir a consistência de uma calda não muito espessa. Deixar esfriar e reservar.

Preparo dos chips:

1. Lavar e cortar a berinjela em rodelas o mais fino possível, sem deixar que percam a forma.
2. Levar para ferver, em fogo médio, a água e o açúcar até obter uma calda em ponto de fio.* Passar as rodelas nessa calda e deixá-las imersas por 3 minutos. Colocar na assadeira e levar ao forno brando, a 50°C, por 1 hora, para que sequem. Reservar.

Preparo do suflê:

1. Deixar a uva-passa de molho no conhaque.
2. Na batedeira, bater as claras em neve com o açúcar.
3. Separadamente, misturar o queijo mascarpone, o creme de berinjela e o trigo. Juntar as claras em neve, acrescentar as uvas passas e misturar, sem bater, para que fique bem uniforme.
4. Untar as forminhas com manteiga e polvilhar com trigo. Distribuir a mistura e assar em forno alto preaquecido a 180°C por 10 minutos.
5. Servir em seguida, acompanhado da calda de laranja e dos chips de berinjela.

VINHO: O sutil e saboroso Muscat de Beaumes-de-Venise do sul das Cotes du Rhône manterá os sabores no palato.

100g de queijo mascarpone
(1/2 xícara)
15g de farinha de trigo
(1 colher de sopa)
manteiga para untar

Utensílios necessários:
assadeira antiaderente,
liqüidificador, batedeira,
forminhas de louça refratária

Suflê de Berinjela

GUIMAS | Rio de Janeiro

Preparo do suflê:
1,4kg de berinjela (4 unidades grandes)
100g de açúcar (7 colheres de sopa)
3 gemas
30g de farinha de trigo (2 colheres de sopa)
250ml de leite (1 1/4 de copo)
manteiga para untar
açúcar para polvilhar
8 claras

Para o molho:
polpa da berinjela (a que restar da confecção das forminhas)
50ml de mel (3 1/2 colheres de sopa)
30g de açúcar mascavo (2 colheres de sopa)
100ml de suco de laranja (1/2 copo)
1 cravo

Utensílios necessários:
papel-alumínio, batedor, barbante, tabuleiro

Preparo do suflê:

1. Cortar a parte inferior da berinjela com 7cm de altura e reservar. Envolver a parte que sobrou no papel-alumínio e levar ao forno a 250°C por cerca de 20 minutos, até que perca toda a água e se torne uma pasta.

2. Bater 75g de açúcar com as gemas até que a mistura fique bem branquinha. Acrescentar a farinha e o leite, colocar em uma panela e deixar cozinhar até engrossar. Quando o creme estiver pronto, adicionar a berinjela que foi levada ao forno.

3. Para fazer as forminhas, retirar a polpa da parte da berinjela que foi reservada (a inferior), com cuidado para não furar a casca. Reservar a polpa. Untar o interior da casca com manteiga e polvilhar açúcar.

4. Untar o papel-alumínio com manteiga e polvilhar açúcar. Dobrar em três, para que possa envolver as forminhas – devem sobrar cerca de 5cm acima. Por

fim, amarrar o papel com barbante na base das forminhas.

5. Bater as claras em neve com o restante do açúcar e misturar devagar ao creme do suflê. Rechear as forminhas com a mistura e colocar no tabuleiro em banho-maria.* Levar ao forno preaquecido por 20 minutos, até que o suflê esteja bem dourado. Para saber se o suflê está no ponto, introduzir a ponta de uma faca fina no centro; se a lâmina sair límpida e úmida, está bom.

6. Quando o suflê estiver pronto, retirar o papel-alumínio com cuidado. Arrumar o suflê no centro do prato, fazer um furinho em cima e adicionar um pouco do molho, colocando-o também à volta.

Preparo do molho:
Durante o cozimento do suflê, cortar a polpa de berinjela restante em cubinhos e refogar com o mel, o açúcar mascavo, o suco de laranja e o cravo. Reduzir* até obter a consistência de molho.

VINHO: Para compensar a doçura, um espumante Brut.

Bolo de Berinjela, Nozes e Frutas Secas

O NAVEGADOR I Rio de Janeiro

Para o purê de berinjela:
280g de berinjela com casca
(1 unidade média)
200g de açúcar (2 xícaras)
250ml de água (1 1/4 de copo)
2 paus de canela
3 cravos-da-índia
1 pedaço de 2cm de
gengibre descascado
1 pedaço de 4cm de casca
de limão

Para o bolo:
565g de farinha de trigo
(3 1/2 xícaras)
195g de açúcar branco (1 xícara)
355g de açúcar mascavo
(2 xícaras)
10g de bicarbonato de sódio
(2 colheres de chá)
5g de canela (1 colher de chá)
5g de noz-moscada (1 colher
de chá)
5g de raspa de limão (1 colher
de chá)
5g de sal (1 colher de chá)
350g de purê de berinjela
(2 xícaras)

Preparo do purê de berinjela:

1. Cortar a berinjela em cubos.
2. Em uma panela, juntar o açúcar, a água, a canela, o cravo, o gengibre, o limão e os cubos de berinjela e cozinhar até obter a consistência de purê.

Preparo do bolo:

1. Numa tigela, colocar os ingredientes "secos": farinha, açúcar branco e mascavo, bicarbonato, canela, noz-moscada, raspa de limão e sal. Misturar bem.
2. Em outra tigela, misturar os ingredientes "molhados": purê de berinjela, óleo, água e os ovos levemente batidos.
3. Picar todas as frutas secas, menos as uvas passas. Misturar com as nozes e polvilhar com 1 colher de sopa da mistura seca. Reservar.
4. Na batedeira, juntar a mistura seca e a molhada e bater levemente. Acrescentar as nozes e as frutas secas polvilhadas.

5. Untar as formas de bolo inglês. Colocar a massa deixando uma distância de dois dedos da borda. Assar no forno preaquecido a 150°C por 1 hora ou testar com um palito; se sair seco, está pronto.
6. Retirar das formas e deixar esfriar, preferencialmente sobre uma grade.
7. Fatiar o bolo e servir morno com uma bola de sorvete de baunilha ou chantilly.

VINHO: Para os amantes dos clássicos, o melhor parceiro que a natureza escolheu para as nozes, o Porto de safra. Para os aficionados por gincanas, há a raridade californiana Muscat de Orange County.

250ml de óleo de arroz, milho ou girassol, de preferência nesta ordem (1 1/4 de copo)
150ml de água (3/4 de copo)
4 ovos grandes
170g de frutas secas (1 xícara) – uvas passas, damascos turcos ou tâmaras e ameixas (a combinação desejada)
115g de nozes pecan tostadas (1 xícara)

Utensílios necessários:
tabuleiro, tigela, batedeira,
2 formas grandes de bolo inglês

Sorvete de Berinjela com Calda de Iogurte

VARIG NO MUNDO

Para o caramelo (200g):
150g de açúcar (1 xícara)
100ml de água (1/2 copo)

Para o sorvete:
1 litro de leite
210g de açúcar (14 colheres de sopa)
150g de creme de leite para chantili (3/4 de xícara)
50g de Nevepan (estabilizante para sorvete) – (2 colheres de sopa)
800g de berinjela (2 unidades médias e 1 unidade pequena)
14g de gelatina incolor (2 sachês)
50ml de água mineral (1/4 de copo)
800ml de água (4 copos)
600ml de mel de abelha (3 copos)
400g de iogurte natural (2 copos)

Utensílios necessários:
liquidificador, papel-alumínio, sorveteira, forma rasa

Preparo do caramelo:

Colocar o açúcar numa panela com água, deixar ferver até evaporar parte da água e começar a caramelizar* o açúcar, que deverá ficar bem dourado e cremoso.

Preparo do sorvete:

1. Bater o leite, o açúcar, o creme de leite e o Nevepan no liqüidificador. Reservar.
2. Assar a berinjela no forno em papel-alumínio. Quando estiver bem macia, cozinhar com o caramelo, deixando incorporar bastante.
3. Bater na sorveteira a mistura feita com o Nevepan e a de berinjela, até obter um creme consistente.
4. Diluir a gelatina na água mineral, mexer bem para dissolver e acrescentar o restante da água, sempre misturando.
5. Levar ao fogo o mel até começar a caramelizar. Adicionar ao mel a gelatina dissolvida e deixar ferver até obter 1 litro do produto (gelatina de mel).

6. Transferir para a forma rasa até endurecer. Deixar em ambiente fresco ou levar à geladeira.
7. Bater o iogurte separadamente até ficar cremoso.
8. Retirar o sorvete a colheradas e servir com o iogurte.

VINHO: Espumantes doces como um Asti ou Moscato sustentarão o mel e o caramelo sem exceder na doçura.

DICAS

TABELA DE EQUIVALÊNCIAS

Ao comprar a berinjela, observe se está firme e viçosa. Furos na casca são um sinal da presença de larvas, que aparecem com freqüência nesse tipo de vegetal. Para saber se está boa, vale lhe dar batidas com o dedo: se ela produzir um "som oco", é porque está própria para o consumo.

Para retirar o gosto amargo, pode-se utilizar a técnica *dégorgé*, ou "salgar", que é especialmente recomendada quando se prepara a berinjela frita, pois a polpa absorve menos óleo. O passo-a-passo do *dégorgé* é fatiar, salgar e colocar numa peneira; antes de usar, lavar e secar.

No preparo de receitas em que a berinjela é levada ao forno cortada ao meio e sua polpa é usada como recheio, recomenda-se fazer pequenos talhos na polpa para que esta asse por inteiro.

1 colher de café	2ml / 2g
1 colher de chá	5ml / 5g
1 colher de sobremesa	7ml / 7g
1 colher de sopa	10ml / 10g
1 copo	200ml
1 xícara	100g
1 xícara de açúcar	150g
1 xícara de farinha de trigo	100g
1 colher de sopa de manteiga	25g
1 dente de alho	5g
1 talo de aipo	40g
1 talo de alho-poró	40g
1 maço de salsa	80g
1 pimentão médio	aproximadamente 40g
1 tomate médio	aproximadamente 80g
1 tomate grande	aproximadamente 100g
1 cebola pequena	aproximadamente 30g
1 cebola média	aproximadamente 50g
1 cebola grande	aproximadamente 100g
1 échalote	5g
1 abobrinha média	165g
1 batata média	aproximadamente 100g
1 cenoura pequena	aproximadamente 30g
1 cenoura média	aproximadamente 50g
1 cenoura grande	aproximadamente 100g
1 pepino médio	aproximadamente 50g
1 couve-flor pequena	aproximadamente 70g

Aromas e Sabores da Boa Lembrança I **Berinjela**

GLOSSÁRIO

Apurar – Processo de tornar o alimento que está sendo preparado mais concentrado ou saboroso, deixando-o ferver por um tempo prolongado.

Banho-maria – Aquecer ou cozinhar lentamente um alimento, colocando o recipiente em que este se encontra dentro de outro com água e levando-o ao fogo ou ao forno.

Bechamel – Molho salgado e de consistência cremosa, preparado com leite, farinha de trigo, pimenta, noz-moscada e manteiga. Também chamado de "molho branco", serve ainda de base para outros molhos cremosos. Criado pelo gastrônomo francês Louis de Béchamel, no final do século XVIII.

Brunoise (termo francês) – Mistura de vegetais ou frutas picados em pedaços bem finos (geralmente em cubinhos) e lentamente refogados em manteiga. Serve para adicionar sabor aos molhos, caldos e sopas. Também pode designar apenas o formato do corte de vegetais e frutas em cubos.

Caramelizar – Derreter o açúcar ao fogo até que se torne uma calda escura e grossa. Também significa cobrir o fundo e as bordas de um recipiente com essa calda.

Confit (termo francês) – Modo de cozimento lento de carnes, sobretudo de aves, na própria gordura. É também aplicado a legumes ou frutas, utilizando-se bebida alcoólica, açúcar ou vinagre.

Cotechino – Uma espécie de embutido italiano.

Cúrcuma – Um tipo de raiz utilizada na culinária indiana.

Deglaçar – Fazer um fundo com o restante das carnes que ficam grudadas na panela ou no utensílio de cozimento, juntando um pouco de vinho, líquido aromático ou água.

Desossar – Retirar os ossos de uma carne mantendo sua forma original.

Dessalgar – Retirar o excesso de sal de um alimento, deixando-o de molho em água, que deve ser trocada em intervalos regulares (em geral estipulados na receita).

Encorpar – Adicionar produtos espessantes a certos pratos para aumentar a sua viscosidade ou dar-lhes mais consistência. Dependendo da receita, são usadas: farinha de trigo, maisena, araruta, fécula de batata e gemas. Pode-se, também, apenas ferver o alimento em fogo alto até que este atinja o ponto desejado.

Flamblar – Derramar determinada quantidade de bebida alcoólica sobre um alimento que está sendo preparado e atear-lhe fogo, mantendo as chamas por alguns instantes.

Garam masala – Mistura de condimentos e ervas que varia conforme a região da Índia.

Gratinar – Cobrir o prato com queijo ralado e farinha de rosca, levando-o ao forno até que se forme uma crosta dourada.

Hondashi – Tempero à base de peixe.

Marinar – Deixar um alimento – em geral carnes, aves ou peixes – de molho em marinada (vinha-d'alhos) para que fique mais macio e impregnado pelo molho. A marinada é um preparado de azeite, vinagre ou suco de limão, com sal ou vinho, ao qual se acrescentam vários temperos, como cebola, alho, louro e salsa.

Missô – Massa salgada à base de soja e cereais (arroz geralmente) popular no Japão e na cozinha macrobiótica.

Okaka – Lasca de peixe bonito seco. Pode ser encontrada em lojas de produtos alimentícios japoneses.

Piracuí – Farinha de peixe da culinária indígena, feita preferencialmente com peixes de escama.

Ponto de fio – É o ponto em que, ao se retirar um pouco da calda e puxá-la com os dedos, forma-se um pequeno fio, com consistência firme o suficiente para não se desmanchar com facilidade.

Redenho – Tripa usada para fazer embutidos.

Reduzir – Diminuir a quantidade de líquido pela fervura até que este chegue ao ponto ideal.

Saltear – Método de cozimento rápido, em que se faz uma breve fritura com o utensílio em movimento, de forma que o alimento não fique permanentemente em contato com o fundo da panela.

Tomate concassé – Tomate picado em cubinhos, sem pele e sem semente.

Zátar – Condimento salgado da cozinha árabe e libanesa que mistura ervas e especiarias, entre as quais o gergelim e o sumaque.

ÍNDICE REMISSIVO DE RESTAURANTES

A Favorita 31

Alice 56

Arábia 107

Banana da Terra 21

Beijupirá 103

Bistrô D'Acampora 23

Boulevard 105

Calamares 111

Cantaloup 29

Carême Bistrô 25

Casa da Suíça 83

Chez Georges 79

Deck 27

Divina Gula 113

Dom Giuseppe 30

Dona Derna 115

Empório Ravióli 60

Emporium Pax 70

Enotria 118

Enseada 33

Esch Cafe (Centro) 59

Esch Cafe (Leblon) 34

Fogo Caipira 36

Galani 120

Garrafeira 38

Giuseppe 64

Gosto com Gosto 40

Guimas 144

Il Tramezzino di
  Paolo 122

Kojima 124

La Caceria 125

La Casserole 109

Lá em Casa 88

La Gondola 41

La Sagrada Familia
  (Niterói) 85

La Sagrada Familia
  (Rio de Janeiro) 66

La Via Vecchia 90

Locanda Della
Mimosa 68

Luna Bistrô 62

Marcel (Brooklin) 47

Marcel (Fortaleza) 46

Marcel (Jardins) 87

Margutta 71

Mistura Fina 127

Moana 92

Nakombi 48

Oficina do Sabor 72

O Navegador 146

Oriundi 94

Papaguth 49

Parador Valencia 81

Pax 142

Portugallia 134

Quadrifoglio 74

Rancho Inn 129

Ristorante Bologna
  131

Roanne 51

Ruella 96

Sagarana 98

Splendido Ristorante
  76

Sushi Garden 136

Sushi Leblon 43

Taste Vin 100

Varig no Mundo 148

Vecchio Sogno 44

Vinheria Percussi 138

Viradas do Largo 53

Wanchako 140

Xapuri 54

Berinjela I Aromas e Sabores da Boa Lembrança

ÍNDICE REMISSIVO DE RECEITAS

Almôndegas de Berinjela 127

Arroz de Açafrão Enformado com
Berinjela, Carne e Snobar 107

Arroz do Lavrador 113

Bacalhau à Berinbrás 85

Barquinhas de Berinjela em
Conserva com Salada Verde
e Tomates Cerejas 21

Berinjela à Moda Moana 92

Berinjela ao Curry 47

Berinjela ao Molho de Raiz-Forte 38

Berinjela ao Molho de Tofu com
Robata de Frango 136

Berinjela à Piracuí 88

Berinjela com Queijo 54

Berinjela com Risoto de
Cotechino 66

Berinjela em Chips e Suflê
com Mascarpone ao Molho
de Laranja 142

Berinjela Ouro Preto 33

Berinjela Recheada 81

Berinjela Recheada com Nhoque
e Pecorino 68

Berinjela Romana 118

Berinjela Síria 53

Bolo de Berinjela, Nozes e Frutas
Secas 146

Chutney de Berinjela com
Camarões 51

Compota de Berinjela ao Mel 56

Cordeiro ao Molho de Berinjela 122

Cordeiro com Tortinha de
Berinjela 138

Costela de Cordeiro com
Risoto de Ratatouille e
Caviar de Berinjela 129

Crepe a Rigor 62

Escalopes de Filé Envoltos
em Berinjela Frita 140

Espaguete à Bolonhesa de
Cordeiro com Berinjela 70

Espeto de Carneiro com Berinjela
e Cogumelos 124

Faisão em Torta de Berinjela 125

Fettuccine de Berinjela 59

Filé com Bolinhos de Berinjela 103

Filés de Saint-Pierre à Moda da
Provença 87

Forma de Berinjela com Peixe
Mediterrâneo 94

Gâteau de Berinjela e Alcachofra
ao Azeite de Tomilho e
Manjericão 29

Gelatina de Pato com Berinjela
134

Gratinado de Berinjela com
Azeitonas Pretas 105

Harumakis de Caviar de Berinjela
e Ovas de Massago 43

Lasanha de Berinjela com
    Camarões e Açafrão 96
Leques de Berinjela com Vitela
    111
Leques de Vermelho com
    Berinjela e Molho Kalmi 79
Lombo de Cordeiro Recheado de
    Berinjela com Nhoque Trufado
    115
Moussaka 109
Musse de Berinjela ao Manjericão
    com Creme de Tomate 31
Nhoque de Berinjela com Molho
    de Tomate 64
Pão e Pasta de Berinjela 40
Patê de Berinjela 30
Peito de Pato ao Molho do Porto
    120
Peixe com Confit de Berinjela 100
Penne com Berinjela e Mozarela
    71
Penne com Carne de Caranguejo,
    Berinjela e Folhas de Rúcula
    98
Purê de Berinjela 25
Ragu de Lagostins em Mil-folhas
    de Berinjela 83
Ravióli de Berinjela com Molho
    de Tomate e Alice 60

Risoto Nascosto 74
Risotos e Risoto de Berinjela 72
Rolinho de Berinjela com
    Banana-da-Terra ao Creme
    de Camarão 36
Rolinhos de Berinjela com Queijo
    de Cabra e Manjericão 46
Salada de Berinjela e Grão-de-Bico
    41
Salada Fria de Berinjela com
    Nozes e Molho Gorgonzola 49
Sopa de Berinjela 34
Sorvete de Berinjela com Calda
    de Iogurte 148
Suflê de Berinjela 144
Tainha Recheada com Berinjela
    Refogada 90
Terrina de Berinjela 27
Timbale de Berinjela com
    Almôndegas Mistas 131
Timbale Morno de Berinjela e
    Scampi 44
Torta-Crepe de Berinjela com Siri,
    Tomate Prensado e Manga com
    Pesto de Rúcula 23
Tortelli de Berinjela com Tomate,
    Azeitonas e Alcaparras 76
Yaki Nassu 48

RELAÇÃO DOS RESTAURANTES ASSOCIADOS

ALAGOAS
Akuaba
Tel.: (82) 3325-6199
Divina Gula
Tel.: (82) 3235-1016
Le Corbu
Tel.: (82) 3327-4326
Le Sururu
Tel.: (82) 2121-4000
Wanchako
Tel.: (82) 3327-8701

AMAPÁ
Cantina Italiana
Tel.: (96) 225-1803

CEARÁ
Marcel (Fortaleza)
Tel.: (85) 219-7246
Moana
Tel.: (85) 263-4635

DISTRITO FEDERAL
Alice
Tel.: (61) 3368-1099
Cielo Ristorante
Tel.: (61) 3364-5655
Universal Diner
Tel.: (61) 3443-2089

ESPÍRITO SANTO
Oriundi
Tel.: (27) 3227-6989
Papaguth
Tel.: (27) 3324-0375

MATO GROSSO DO SUL
Fogo Caipira
Tel.: (67) 324-1641

MINAS GERAIS
A Favorita
Tel.: (31) 3275-2352
Dartagnan
Tel.: (31) 3295-7878
Dona Derna
Tel.: (31) 3223-6954
La Victoria
Tel.: (31) 3581-3200
Osteria
Tel.: (31) 3481-1658
Patuscada
Tel.: (31) 3213-9296
Splendido Ristorante
Tel.: (31) 3227-6446
Taste Vin
Tel.: (31) 3292-5423

Vecchio Sogno
Tel.: (31) 3292-5251
Viradas do Largo
Tel.: (32) 3355-1111
Xapuri
Tel.: (31) 3496-6455

PARÁ
Dom Giuseppe
Tel.: (91) 4008-0001
Lá em Casa
Tel.: (91) 223-1212

PARANÁ
Boulevard
Tel.: (41) 224-8244
Ristorante Bologna
Tel.: (41) 3223-7102

PERNAMBUCO
Beijupirá
Tel.: (81) 3552-2354
Chez Georges
Tel.: (81) 3326-1879
Kojima
Tel.: (81) 3328-3585
Munganga Bistrô
Tel.: (81) 3552-2480
Oficina do Sabor
Tel.: (81) 3429-3331

Pomodoro Café
Tel.: (81) 3326-6023
Pousada do Zé Maria
Tel.: (81) 3619-1258
Quina do Futuro
Tel.: (81) 3241-9589
Wiella Bistrô
Tel.: (81) 3463-3108

RIO DE JANEIRO
66 Bistrô
Tel.: (21) 2539-0033
Banana da Terra
Tel.: (24) 3371-1725
Bistrô Montagu
Tel.: (21) 2493-5966
Borsalino
Tel.: (21) 2491-4288
Carême Bistrô
Tel.: (21) 2226-0093
Casa da Suíça
Tel.: (21) 2252-5281
Emporium Pax
Tel.: (21) 2559-9713
Esch Cafe Centro
Tel.: (21) 2507-5866
Esch Cafe Leblon
Tel.: (21) 2512-5651
Giuseppe
Tel.: (21) 2509-7215

Gosto com Gosto
Tel.: (24) 3387-1382
Jardim Secreto
Tel.: (24) 3351-1371
La Sagrada Familia
Tel.: (21) 2252-2240
Locanda della Mimosa
Tel.: (24) 2233-5405
Margutta
Tel.: (21) 2259-3887
O Navegador
Tel.: (21) 2262-6037
Parador Valencia
Tel.: (24) 2222-1250
Rancho Inn
Tel.: (21) 2263-5197
Restaurante Alvorada
Tel.: (24) 2225-2021
Sawasdee
Tel.: (22) 2623-4644
Sushi Leblon
Tel.: (21) 2249-7550

RIO GRANDE DO SUL
Calamares
Tel.: (51) 3346-8055
La Caceria
Tel.: (54) 286-2544
Taverna del Nonno
Tel.: (54) 3286-1252

SANTA CATARINA
Bistrô d'Acampora
Tel.: (48) 235-1073
SÃO PAULO
Amadeus
Tel.: (11) 3061-2859
Arábia
Tel.: (11) 3061-2203
Bistrô Marcel
Tel.: (11) 5504-1604
Cantaloup
Tel.: (11) 3078-9884
Empório Ravioli
Tel.: (11) 3846-2908
Ludwig
Tel.: (12) 3663-5111
Marcel Consolação
Tel.: (11) 3064-3089
Nakombi
Tel.: (11) 3845-9911
Terraço Itália
Tel.: (11) 3257-6566
Vila Bueno
Tel.: (19) 3867-3320
Vinheria Percussi
Tel.: (11) 3088-4920

SERGIPE
La Tavola
Tel.: (79) 3211-9498

SOBRE OS AUTORES

Danusia Barbara

Jornalista carioca, prova do bom e do melhor em todas as partes do mundo. Da Amazônia a Mianmar, do Canadá ao Zimbábue, dos Estados Unidos às Ilhas Maurício, da Europa à América do Sul, dos pampas gaúchos à Tailândia e ao Oriente Médio, lugares por onde passou, pesquisa sabores, gostos, texturas, contrastes, sensações. Há mais de 20 anos escreve o *Guia Danusia Barbara*, sobre os restaurantes do Rio.

É autora dos livros *Rio, sabores & segredos*; *Tomate*; *Feijão*; *Berinjela*; *Porco*; *Batata*; *Crustáceos*; *Arroz*; *Satyricon – O mar à mesa*, *A borrachinha que queria ser lápis* (infantil) e *Roteiro turístico-cultural das praias do Rio de Janeiro*.

Mestre em Poética pela Universidade Federal do Rio de Janeiro (UFRJ), estudou também na Columbia University, Nova York. Colabora em várias publicações com artigos sobre suas aventuras gastronômicas.

Sergio Pagano

Italiano de Milão, o fotógrafo começou sua carreira naquela cidade, em 1970, com ensaios para as principais revistas de decoração, agências de publicidade e galerias de arte.

Em 1978 foi para Paris, onde morou por nove anos, durante os quais se dedicou a fotografar concertos de *rock* e seus artistas. Foi essa especialidade que o trouxe ao Rio de Janeiro, para fotografar o Rock in Rio.

Em 1986, mudou-se definitivamente para o Brasil, onde tem realizado trabalhos de fotografia nas áreas de decoração, arquitetura e gastronomia. Esses mesmos temas também lhe renderam mais de vinte livros publicados. Entre eles destacam-se *Tomate*, *Feijão*, *Berinjela*, *Porco*, *Batata*, *Crustáceos e Arroz*, da Associação dos Restaurantes da Boa Lembrança e Danusia Barbara, e os volumes da coleção *Receita Carioca*, da Editora Senac Rio.

Associação dos Restaurantes da Boa Lembrança

Criada em 2 de março de 1994, a **Associação dos Restaurantes da Boa Lembrança** busca a alegria gastronômica em todos os níveis. Entre as suas inovações está a distribuição de pratos de cerâmica pintados à mão a todos que saboreiam uma das opções do cardápio dos restaurantes filiados. E mais: fornece aos clientes o passaporte para a obtenção de garrafas de champanhe; organiza jantares especiais; incentiva o turismo no Brasil; realiza festivais de comidas e bebidas; promove congressos nacionais e também fomenta o Clube do Colecionador, no qual é possível trocar experiências, receitas e até mesmo os cobiçados pratos. Tudo isso para deixar gravada na memória a "boa lembrança" do que sempre ocorre quando se freqüenta um dos seus restaurantes em todo o Brasil. De Belém a Florianópolis, de Maceió a São Paulo, do Recife ao Rio de Janeiro ou a Belo Horizonte: qualidade é a meta. Por isso, os filiados à Associação não se apressam em crescer. Seu objetivo é a integração da diversificada culinária do nosso país.

CIP-BRASIL. CATALOGAÇÃO-NA-FONTE.
SINDICATO NACIONAL DOS EDITORES DE LIVROS, RJ.

B184b
2.ed.

Barbara, Danusia, 1948–
   Berinjela
/ [texto Danusia Barbara ; concepção fotográfica, fotos e food style Sergio Pagano] – 2.ed.
– Rio de Janeiro: Editora Senac Rio : Associação dos Restaurantes da Boa Lembrança, 2008.
   160p. il. ; – (Aromas e Sabores da Boa Lembrança; v.3)

13cm x 18cm

Versão pocket.
Apêndices
Inclui bibliografia
ISBN 85-87864-90-4

1. Culinária (Berinjela). 2. Berinjela – Variedades.
I. Associação dos Restaurantes da Boa Lembrança. II. Título. III. Série.

06-1451

CDD 641.65646
CDU 641.5:635.646

A Editora Senac Rio publica livros nas áreas de gastronomia,
design, administração, moda, responsabilidade social, educação,
marketing, beleza, saúde, cultura, comunicação, entre outras.

Visite o site www.rj.senac.br/editora, escolha os títulos de sua
preferência e boa leitura. Fique ligado nos nossos próximos lançamentos!
À venda nas melhores livrarias do país.

Editora Senac Rio
Tel.: (21) 2510-7100
Fax: (21) 2240-9656
comercial.editora@rj.senac.br

Editora Senac São Paulo
Tel.: (11) 2187-4450
Fax: (11) 2187-4486
editora@sp.senac.br

Disque Senac: (21) 4002-2002

Este livro foi composto em Trade Gothic e
impresso em papel Pólen Bold Areia 90g/m²,
para a Editora Senac Rio, em novembro de 2008.